迷子になったら三越に行けばいい

河島 司

Tsukasa Kawashima

文芸社

はじめに

この作品は、私とその祖父である「じいさま」のトラブル続きのヨーロッパ旅行の模様を収録した、旅行記である。

ちまたには旅行記と名の付く本が溢れている今日この頃であるが、じいさまと孫の旅行の模様を書いた本は、私はこれまで見たことがない。しかも、これを書いた当時、私はまだ大学生。老人と若者が旅をすると、そこには必ずドラマが生まれるものである。

この旅行記では襲い来る様々なトラブルを、私とじいさまが飄々と笑い飛ばし、面白おかしく旅行を続ける様子が至る所に登場する。

『トラブルとうまく付き合い、トラブルを楽しむ』

私とじいさまの旅におけるポリシーである。トラブルがあった方が、旅は面白い。そう思えばどんなことでもよい思い出になるものである。

というわけで、これを読めば、旅行に行きたくなること請け合いである。よって、この本は孫と旅行してみたいなぁ、と思っている日本中のおじいちゃん、おばあちゃんに是非読んでもらいたい。また、全国各地のお孫さん達は、この本を読めば、必ずやおじいちゃん、おばあちゃんを連れて旅行に行きたくなること間違いなしである。

私にとってのじいさまとの旅行のメリット、それは一にも二にも金である。そう、暇と金が有り余っていながら家に引きこもっている老人のなんと多いことか！　暇はあっても金がない世の中の若者よ、じいさまを連れて旅に出よう！　なぁに、旅行代金は全部向こうが持ってくれる。　あとはじいさまの突拍子もない行動を許す度量さえあればいいのだ。

もう一度言う。

『トラブルがあった方が、旅は面白い』

トンネルが崩落して空港にたどり着けなかったり、有珠山が噴火して帰宅不能になったりしても大丈夫。じいさまがロンドンで迷子になろうとも、せっかくの旅行が雨続きでも問題なし！

さぁ、まずは私とじいさまの旅の模様を楽しんでほしい。

ひとしきり笑い転げたあと、旅行に行きたいなぁと思ってくれれば、私の作戦は大成功である。

積丹半島
小樽
江別
岩見沢
札幌
恵庭
支笏湖
千歳
礼文浜トンネル
洞爺湖
苫小牧
有珠山
長万部
登別
室蘭
函館

目次

第一部　ロンドン・パリ旅行記

登場人物紹介

じいさま

私が生まれたときにじいさまになり、以来ずっとじいさまである。

大正一〇年生まれ、北海道函館市在住。現在は楽隠居中。

趣味は麻雀、愛車でのドライブ、ジグソーパズル作り、そして旅行である。

齢八〇を越えても入れ歯は〇。すべて自前なのが自慢。

おそらく一〇〇までは生きるだろうと家族に言われている。

ロンドン・パリに行く前の年には、たった一人で愛車を運転して日本一周旅行を成し遂げている。

通称、妖怪かっ飛びじじい。

海外旅行の経験は、多々あり。

私

昭和五二年、北海道函館市生まれ。じいさまの初孫。

生まれたときから孫であり、以来ずっと孫である。

旅行当時は室蘭工業大学に在籍。家族と離れ、室蘭市にて一人暮らし中。必要最小限の労力で単位を取得し、余った時間で旅行記を書き上げた、きわめて模範的な（？）大学生だった。

自称、知識探求型多趣味人間。

現在は関東の某大企業に就職。そこの某研究所に配属になり、適当に業務をこなしつつ、日々のんびり過ごしている。

座右の銘は『明日出来ることは今日しない』『なるべく楽をして勝つ』。

趣味は読書、小説の執筆、旅行、旅行記の執筆、ドライブ、カート、Ｆ１を初めとするモータースポーツ全般の観戦、ＨＰ運営、映画鑑賞、音楽鑑賞、カラオケ、歴史（三国志、幕末、戦国時代など）、フィギュアスケート、テーブルトークＲＰＧ、テレビゲーム、麻雀など。

好きな作家は田中芳樹、司馬遼太郎、童門冬二、森博嗣、北村薫、高瀬美恵、村山由佳、土屋賢二、神坂一、水野良、麻生俊平、阿智太郎、あすか正太、雑賀礼史、榊一郎、賀東招二など（順不同、敬称略）。

好きなテレビ番組は『水曜どうでしょう』。

直《なお》江《え》雨続《あめつぐ》のハンドルネームで自分のホームページを開設中。

http://www9.ocn.ne.jp/˜ametsugu/

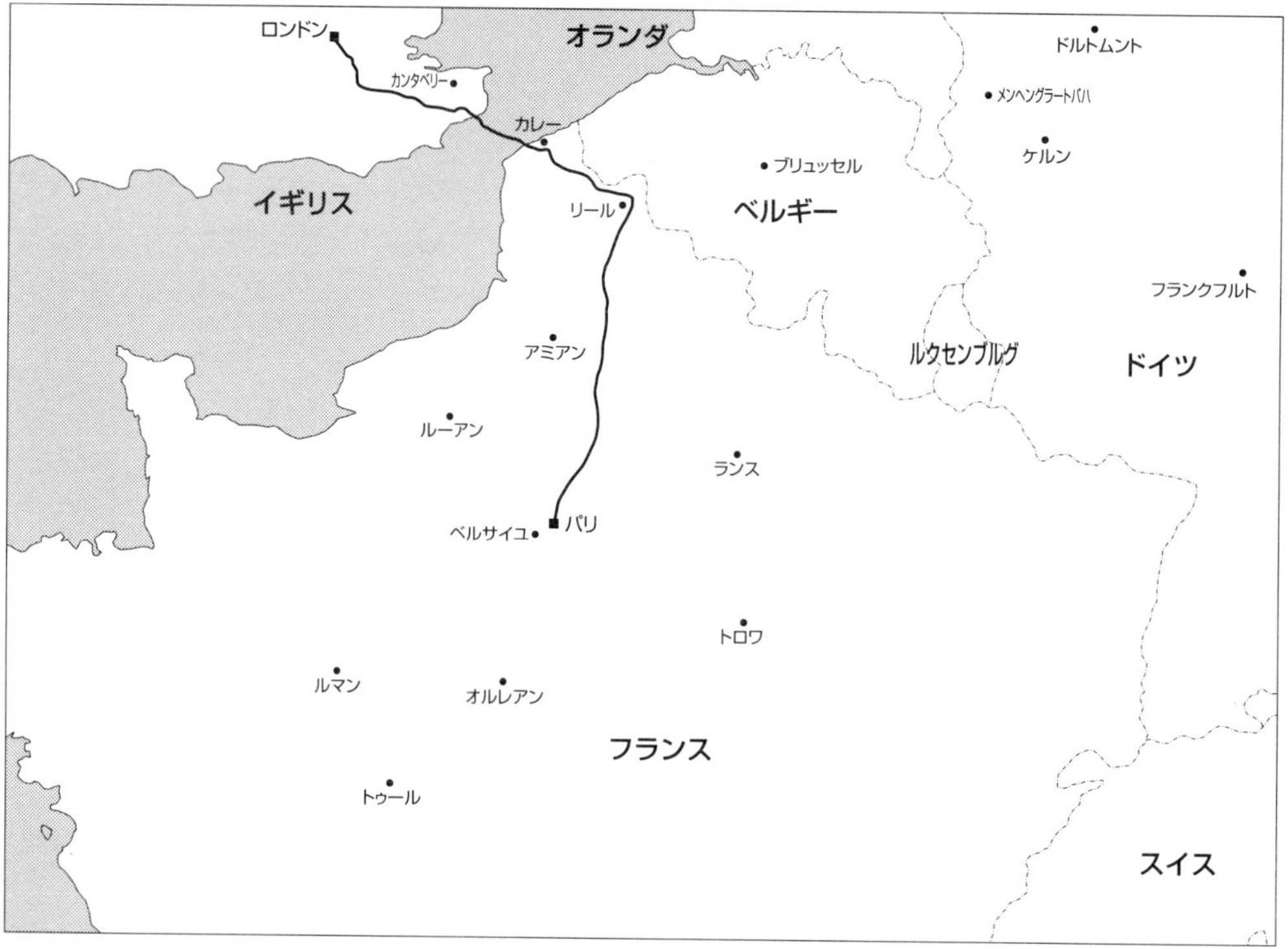
ロンドン
オランダ
カンタベリー
カレー
イギリス
リール
ブリュッセル
ベルギー
ドルトムント
メンヘングラートバハ
ケルン
フランクフルト
アミアン
ルクセンブルグ
ドイツ
ルーアン
ランス
ベルサイユ
パリ
トロワ
ルマン
オルレアン
フランス
トゥール
スイス

第一部　ロンドン・パリ旅行記

プロローグ――じいさま、旅を決意――一九九九年秋

ノストラダムスの大予言も見事に外れた世紀末のある日。函館の実家に帰っていた私にじいさまが新聞の広告を見せてこうのたまった。

「これに行くぞ」

「んあ??」

その広告を見ると、『伝統のロンドン・憧れのパリ美術館めぐり』との文字が踊っていた。ちなみにツアー旅行（主催／阪急交通社）である。

「よし、行こう」

いきなり了承。一秒で決断できたのには理由があった。

実は私とじいさまは昨年（一九九八年）の夏にもカナダへ行った前科がある。その際にどうやらじいさまは私の能力を信頼してくれたようで、今回も私を自分付きの添乗員として旅費を払ってくれるとのことである。そういう待遇が約束されているからこそ、私は疾風怒涛の勢いで了承したのである。

なにせ私はヨーロッパには行ったことがない。それが、じいさまが付いてくるとはいえタダで行けるのだ。こんなおいしい話はそうそうないだろう。

ちなみに前回のカナダ旅行の際には私の弟も一緒だったのだが、今回彼は、

「絶対行かない。じいちゃんと旅行するのはもうやだ」

本音を言えば私も嫌だ（笑）。

とはいえせっかくヨーロッパに行けるチャンスだ、じいさまのことは目をつぶろう。

私は器がでかいことには定評がある。なにせ器がでかすぎて底が抜けているのである。

そんな私だからじいさまと一緒のツアー旅行でも、まぁそれなりにうまくやれるはずだ。

ちなみに出発日は一一月二八日となった。なぜなら**その時期が一番安い**のだ。

というわけで、後に襲ってくる大後悔を知るはずもなく、ヨーロッパに行けるという事実が私を浮かれさせせた。冷静になって考えてみれば、その時期は私のような大学四年生にとっては『あること』をしなければいけないと分かるのだが、そのときには私はすっかり『そのこと』が頭から抜けていたのである。


さて、話は変わるが、近年私が旅をすると必ずと言っていいほど雨が降る。というか、**嵐を呼ぶ**。今年など春に実家に帰ったら観測史上最大の風速四六ｍの暴風が吹いたし、秋に帰ったら台風が直撃してまたしても四六ｍの暴風雨となった。

そんなわけで二六日に一度函館に帰る旨を電話で父に伝えたところ、

「じゃあきっと雨だな」

とのこと。そこで私は反論を試みた。そういつもいつも雨が降ってたまるか。

「いいや、きっと雪だ」

ちなみに二五日の函館は最高気温が一〇度を超えていたそうだ。雪は降りそうにない。

第一話　「長万部《おしゃまんべ》で下車まんべ」

▼▼▼一九九九年一一月二六日(金)　やっぱり嵐を呼ぶ

この日、大学の研究室のゼミ終了後、私は一度函館に帰った。

その函館、昨晩からどんどん気温が下がり、昨日との気温差はなんと一五度。そして、雪だった……。家族には露骨に嫌な顔をされたものである。

「あんたが帰ってきたから雪になった」

そんなの、私のせいじゃない……と思う。

ちなみに旅行の日程では一一月二八日の朝七時に新千歳空港集合である。だから、私が住んでいる室蘭から直接そこに行くのが一番手っ取り早いのだが、今回の旅での私の役割は、じいさまの**専属添乗員**である。

そこで、一応函館まで行き、そこからじいさまを連れて新千歳空港へ行こうと考えたのである。嗚呼、なんという孝行孫であろうか。この決断が実は後々非常に大きな意味を持つことになろうとは、そのときは私自身まったく予期していなかったのである。

そして迎えた翌日の土曜日。

二八日朝七時に新千歳に間に合うには、空港近くで前日泊するか、夜行列車で行くかの二者択一であった。そして、一泊するのは金がもったいないということで、後者を選択したのである。

そのため私は、昼間のうちに旅行に必要な物を買い込むと早々と床に就いた。結局夜八時から一二時まで仮眠をとり、深夜じいさまを連れて家を出たのである。

▼▼▼一一月二八日(日)　いきなり、大事件発生

函館駅に午前一時過ぎに到着した我々は、早速、今回利用する急行「はまなす」に乗り込んだ。午前一時四〇分函館駅発、新千歳行きの列車に乗り換える南千歳駅には朝五時半頃到着の予定である。

この時間ゆっくり寝ておかないと、この先の旅が途方もなく辛くなることを、私は以前の経験から学んでいた。そのため早々と私は座席に横になり、おやすみモードに突入したのである。……が、結局気分が高ぶってしまい、眠れなかったのも以前と同じであった。

事件は唐突に起こるものである。青天の霹靂《へきれき》、寝耳にミミズ。何の前触れもないままに、長万部に列車が停車したのは午前三時過ぎであった。

ちなみにこの夜行列車、長万部は通常の停車駅ではない。

しかし、待てど暮らせど、なかなか発車しないまま時間だけが過ぎていく。

「なんか、妙だな……」

気になったので起き出したところ、ちょうどよいタイミングで車内放送が流れ出した。

曰く、

「この先の礼文浜トンネルにおいて貨物列車の脱線事故が発生したため、一時長万部にて停車いたします」

そのとき、私の脳裏をよぎったのは昨晩の父の言葉であった。

「おまえが行くからには、きっと大雪で列車が止まるぞ」

馬鹿を言うんじゃない。東京じゃあるまいし、北海道の列車が大雪くらいでそう簡単に止まってたまるか。そう一笑して家を出たのだが、あながち父の軽口も侮れないものである。雪ではなかったが列車は彼の予言通り止まった……。

さて、皆さん。あなたがこの状況に陥ったら、いったいどんな行動を起こしますか？
一　あきらめて寝る
二　泣く
三　善処する

三番に決まっとるわぁぁぁ!!


というわけで、私はいったん落ち着いて、自分の置かれた状況を整理し始めた。

まず、最低限朝七時半には新千歳空港にいないと飛行機に乗れない→ヨーロッパに行けない。んで、この列車の到着時刻は本来は朝の五時半である。だから、停車時間が二時間以内なら七時半に到着することが出来る→ヨーロッパへ行ける。うん、じゃあ停車時間が一時間を超えたらまた対応を考えるとして、ひとまず寝よう。

自慢じゃないが、私は楽天的な人間である。ついでに言えば、じいさまはすぴょすぴょ寝ている。大騒ぎするよりは、果報を寝て待つことにしたわけである。

▼▼▼動き出す気配なし

一時間後……

さて、もう朝の四時過ぎですなぁ。一度アナウンスがあって以来何の説明もないし、車掌も来ない。ここに来てさすがに私も重い腰を上げた。そして、先ほどからそわそわしている隣の席のおばさんに声をかけた。

「車掌さんが来ませんねぇ」

「ほんとにねぇ、さっきから何の説明もないし、全くどうなってんのかしらねぇ。だいたい私ら……（中略）……というわけで朝一〇時には札幌で約束があるのに全くもう……（後略）なんですよ」

「朝一〇時に札幌ですか、そりゃ大変ですね。ちなみに私らなんぞ朝七時に新千歳ですよ、あはははは」

笑いごとではないぞ。

「ともかく、一度車掌さんに掛け合ってみましょうか」

と私が提案すると、おばさんも一緒に行くという。二人で前の車両に行くと車掌さん発見。

「あと一時間で動きますか?」

「無理です(断言)」

「あ、そうですか。ちなみに私、朝七時に新千歳に着けないとヨーロッパに行けないんですよね、あはははは」

だから笑いごとではないぞ。

しかしながらこの一言が車掌さんに与えた影響は甚大だったらしく、いきなり態度が変わったのには笑った。というわけで善後策を考える私と車掌さん。この場合、代行バスか何かで洞爺か室蘭まで行き、そこから始発列車に乗って新千歳へ行くなどの方法が考えられるが、時刻表を調べると無理そうだ。

となると、取るべき手段は一つである。

「じゃあ、ここで降りますんで、新千歳までのタクシー代はJRさんのほうで出していただけますよね♪」

交渉成立。早速車掌さんにタクシー会社に電話してもらい、私はじいさまをたたき起こすと荷物をまとめてさっさと列車を降りた。あとには延々と車掌さんに文句を言いつづける先ほどのおばさんが残ったが、彼女が無事一〇時に札幌に着けたかどうかは定かではない。

これが一九九九年一一月二八日午前二時に起き、その後復旧まで一週間を要した礼文浜トンネル崩落事件の最初の被害を受けた急行「はまなす」での出来事である。

後に新聞を見たところ、結局「はまなす」に乗っていた人たちが札幌に着いたのは午前一一時過ぎだったらしい。お気の毒……。

▼▼▼頼むぞ長距離タクシー

さて、我々が列車を降りた頃には時刻は午前五時。タイムリミットまで、あと二時間ジャストである。改札を抜け駅の出口に向かった我々の前に一台のタクシーが待ち受けていた。この先二時間運命を共にするタクシーである。

「いや～、大変でしたねぇ」

「いえいえ、土産話のネタが出来たと思って私なんぞは面白がってますよ」

「はぁ、なるほど」

「もちろん、無事に間に合えばの話ですけどね♪」

と運転手さんにプレッシャーをかける私。

「任してください」

そうして、まだ真っ暗な高速道路へとタクシーは乗り込んでいったのである。時刻は五時一三分であった。ちなみにこの運転手さん、寝ているところを電話でたたき起こされたそうだ。これまたお気の毒……。

さて、きっと私はこのときのタクシー料金のことは一生忘れないであろう。

長万部～新千歳間、興味がある人は地図帳で距離を測ってみよう。そして、その距離に見合うタクシー料金を計算してみよう。たぶん深夜料金で二〇％増しだったと思う。

四万六九三〇円！！！！＋高速料金三八五〇円〆て五万七八〇〇円。

なんというか、下手すると海外旅行が出来るくらいの料金だったのだ。いや、これが自腹だったらと思うと、恐ろしくて夜しか眠れなくなりそうな、そんな金額だ。

雪の降りしきる中、高速道路をひた走り、タクシーは行く。そして七時ジャストに高速を降り、新千歳空港には七時五分到着。絶妙の到着時刻だった。

「間に合いましたねぇ」

「ええ、ＪＲさんの方には間に合ったと伝えておきますよ」

そう言ってにっこりと笑う運転手さんに何度もお礼を言って、我々は集合場所へと急いだのである。

ちなみに私は集合場所に行くまで、今回のツアーがいったい何人で行くのか知らなかった。だいたい、時期が時期である。多分一〇人くらいだろうと思っていた。ついでに若い子は絶対にいないだろうとも。

前者は大外れ、全部で三八人の大所帯だそうだ。世の中には暇な人が多い（↑あんたもだ）。そして後者は大正解（あまり嬉しくない）。ほとんどがおばさん、たまにおじさん……私は最年少で、当然ながら、じいさまは最年長だった。すでにこの時点で私は過分な期待をしないことを精神衛生上の面からも誓ったのであった。

午前八時五分発、一〇時三〇分着、関西国際空港行きJAL。

関西国際空港では、着後すぐに出国手続きをして、四九番ゲートにて一時間あまり待つ。

……ねむひ。

そう、眠いのだ。実は急行「はまなす」内では私は一睡も出来なかった。そこで、ベンチに座ってうとうとし始めたのだが、そのとき待合室のテレビでは、昨夜起きた礼文浜トンネル事故のニュースをやっていた。当然のことながら、思わず見てしまったではないか。

ちなみに、このときのニュースでは、おおよそ次のようなことが伝えられた。

二八日午前二時四〇分ごろ（我々が長万部に着く二〇分前である）、北海道胆振支庁豊浦町のJR室蘭線礼文〜大岸駅間にある礼文浜トンネル内で、名古屋発札幌行きの貨物列車が脱線した。原因は、トンネル天井部からコンクリート片が落下し、それに乗り上げてしまったためらしい（このコンクリート片、重さは約2トン！　だそうだ）。

この貨物列車には運転士一人が乗っていたが、怪我はなかったとのこと。そしてこの事故のせいで、我々は長万部での足止めを余儀なくされたわけである。ちなみに長万部から礼文浜トンネルまでは三〇分かからない程度の近さなのである。

しかし、ちょっと想像してほしい。このコンクリート片の落下がもし、あと少し遅れていたら……。最悪の場合、ちょうど我々が乗った「はまなす」が通りかかり、脱線事故が起きていたかもしれないのである。

そうなったら海外旅行に行けなくなるどころの騒ぎではない。トンネル内での列車事故である。下手をすると命の危険だってあるのだ。そう考えると、長万部で足止めを食ったとはいえ、怪我一つなくこの旅行に参加できただけでも十分にラッキーだったのだ。

なお、この事故の影響でJRは全部ストップ。復旧のめどは立っていないとのこと。

まったく、肝を冷やすようなニュースだったが、おかげで私はこの事故が復旧にえらい時間がかかるらしいことを、このとき初めて知ったのである。

つまり、あのまま長万部にて手をこまねいて何もしなければ、絶対に集合時間に間に合わなかったことが証明されたわけである。

よっしゃ、タクシー作戦大成功！　と、結局またしても寝ることが出来ず、私はふらふらとフランクフルト行きの便に乗り込んだのである。

ん？　ロンドン・パリが目的の旅行で、なぜにドイツのフランクフルト？　と思われるかもしれない。

だが、今回のツアーではロンドンへの直行便ではなく、一旦フランクフルトまで行き、そこからロンドンへ乗り継ぐのである。

面倒だが、そういうスケジュールなのだから文句を言ってもしょうがない。しかし、この乗り継ぎが原因で、その後とんでもない事件が起きるのである。

出だしからいきなり波乱続きの海外旅行。しかし、この程度のトラブルは実は全然序の口だったことを、これから我々は知ることになる……。

第二話　「ふらふらフランクフルト」

▼▼▼機内リポート

　さて、フランクフルト行きの便である。出発は午後一時、到着は日本時間では翌日の午前二時。一三時間あまりのフライトである。ここで寝ておかないと旅が辛くなることを私は前回（一九九八年のカナダ行き）の失敗から学んでいた。

　なにせカナダ行きのときは機内でまったく眠れず、ぼろぼろになって到着したら現地は朝。それから夜になるまで眠ることを許されなかった、四六時間起きっぱなし（！）という地獄のような体験をしたのである。

　その痛すぎる教訓を得た私は、今回こそはゆっくり寝て、快適な旅をしようと決意していたのである。が、乗るとすぐにドリンクサービスがある。前回はここで紅茶を飲んだため眠れなくなってしまったのである。そこで私は、

「オレンジジュースください」

　飲んだあと、うとうとしてたら今度は夕食が配られ始めた。

　まるで、こちらの睡眠を邪魔するようなタイミング。おいおい、寝れないっちゅうの。

　しかも、一緒にビールとワインが配られている。前回はここでビールを飲んだため逆に

目が冴えて眠れなくなってしまったのである。そこで私は、

「いえ、結構です」

しかし、その後外人のスチュワーデスさんが、

「ニホンチャでゴザイマース」

とやってきたので、ついもらってしまった。どうして私は外人の片言の日本語に弱いのだろうか、と哲学的な思考にふけっていると、さすがに疲れていたのか、少々眠ってしまった。

このまま着陸までぐっすり熟睡できたらさぞ幸せだっただろうが、そううまくいかないものである。今度は映画を上映するというアナウンスに起こされてしまった。

タイトルは『ムッソリーニとお茶を（Tea With Mussolini）』。イタリア映画だそうで、第二次大戦時のイタリアが舞台とのこと。もちろんそんなの見ても面白くないだろうから私は無視して寝ることに決めていた。が、いったん始まったら、ついつい見入ってしまった。駄目である。

さて、その映画の感想だが、非常に退屈。後半なんぞ半分寝ながら見ていたくらいである。だが、私は寝なかった。素晴らしい忍耐力である。自画自賛。

理由は簡単、映画のあとにおにぎりが配られるのだ。しっかり起きていた私はばっちりおにぎりをゲット！　何を隠そう、機内食でこれが一番美味しかった。

さて、その後もう一本映画が上映される。タイトルは『マトリックス』。

実は私はこれが見たかったのだ。映画館に行こうと思ったことも再三あったものの、結局機会がなく残念がっていたのだが、こんなところで見ることが出来ようとは。ＪＡＬに感謝。映画の内容も最高。主人公がのけぞって弾を避ける、かの有名シーンでは、思わずシートを後ろに倒したくなったほどである。実に面白かった。大満足！

さて、二時間ほどの上映が終わると、また食事が配られ始めた。こうやって書くと、なんか食べてばかりいたように思われるかもしれないが、実際のところ食べてばかりいたのである。ついでに言えば、熟睡するようなチャンスは訪れてくれなかったわけである。

そうして日本時間の二九日午前二時、現地時間では二八日夕方の六時、フランクフルトに到着した。ちなみに時差は八時間だ。

もう一度言う。八時間である。ちなみに日本とロンドンとの時差は九時間。つまり、今、乗り継ぎのため一時的に滞在するフランクフルトとロンドンは一時間時差があるのだ。

このことを覚えておいてほしい。のちのち、この一時間の時差のせいで私はとんでもない恥をかくことになるのである。

ともかく、夕方六時に我々はフランクフルトに降り立った。

ここで、ロンドンのヒースロー空港へと乗り継ぐことになる。出発は七時四〇分。なので、三〇分くらい自由時間を取ったのだが、私は動く気力がなく、ずっとベンチに座っていた。やっぱり機内で眠れなかったので睡眠不足状態。疲労困憊のへろへろだったのだ。

せっかくドイツの空港にいるんだから、お土産屋さんでも見てくれればよかったかな。ちょっともったいなかったかも。……と、思わないこともなかったが、動き回ったところで我々はマルクを持っていなかったので無一文。何も買えないのではむなしいだけである。

▼▼▼いよいよロンドンへ

さて、ヒースロー行きの飛行機の中では、またしても食事が出た。配っている兄ちゃんは歌など口ずさみながら楽しそうにお仕事をしている。これは日本では見られない光景だ（んなことやったら即刻クビだろう）。しかもその兄ちゃん、日本人には「コニチハ、アリガト」と声をかけており、おばさま達の人気を集めていた。

ちなみに食事といってもサンドイッチであった。しかも、見た目がクレープ、食べたらパンと言うよりはナンである。が、

「あ、おいしい」

そう、うまいのだ。正直、この旅行中に食べた食事の中で三番目にうまかった。しかも、食べ終わって袋の中を見るとチョコレートが入っていた。

「わーい、チョコレートだ～」

と大喜びして食べた私だったが、この喜びは一瞬で地獄の苦しみに変わった（大袈裟）。私の舌は、まるでじわじわ効くボディーブローのような衝撃に襲われたのだ。味覚は破壊され、拒絶反応から体温が上昇、汗が噴き出てくる（ほんとか?・）。まぁ、要するにこのチョコレート、むちゃくちゃ甘かったのだ。このチョコレートは一〇〇グラム中砂糖が三

〇〇グラムほど（?）入っているに違いない。外国のチョコレートおそるべし。

さて、とりあえず事件らしい事件はそのくらい。一時間半あまりのフライトもいよいよ終わりに近づいてきた。

いよいよロンドンのヒースロー空港に着陸となる。

と、機体が揺れる。尋常じゃないくらいに揺れる。ガックンガックンと、前の乗客の頭が左右に振られているのだ。ふと隣のおばさんの顔を見ると、その表情は恐怖のため凍りついていたりする。が、うちのじいさまはといえば窓の外の夜景を凝視していた。揺れなど全然気にしてない模様、さすがである。しかし、実際問題として「おいおい、大丈夫かい?墜落するんじゃないだろうね」と機長さんに聞きにいきたくなるほどの揺れ、おばさま方はすっかり血の気も引いて青ざめている。

そうして、ふらふらと何とか飛行機が着陸（墜落じゃなくてよかった）したときには、自然発生的に後ろの方から歓声と拍手が上がったほどであった。

さすが西洋人は陽気だ。私もつられて拍手。

「**ぶらぼー**」

ああ、生きているって素晴らしい。二二歳の若い身空をロンドンで散らすことがなくてよかったよかった。

そうしたすったもんだの末、日本を離れて一六時間あまり、ようやくロンドンに到着と相成ったのである。その後、バスでホテルに着いた我々が倒れるように睡眠をむさぼったことは言うまでもない。
　こうしてほぼ丸一日以上の時間を移動に費やし、ようやく我々は明日から楽しみにしていたロンドン観光に出発できることになるのだ。では、明日からの珍道中、ご期待いただきたい。

　明日を待て！

第三話　「じいさまロンドンに消ゆ」

▼▼▼一月二九日(月)　いよいよロンドン観光

この日は朝七時に起床。日本時間だと夕方四時。

夕方四時である。……なんだ、いつもとたいして変わらん生活時間だな(↑駄目大学生)。

なるほど、私の普段の生活時間はロンドン時間だったのか。いや〜、私ってば国際的だなぁ〜、などと一人納得し、服を着替えて待っているとノックの音。

ルームサービスの朝食が到着したようだ。

メニューは、クロワッサン、フランスパン、アップルパイ、フルーツヨーグルト、オレンジジュース、お湯とティーバッグ。全部食べるとさすがにお腹一杯である。普段から私は朝食など食べてないので少量でも十分なのだ。にしても、フルーツヨーグルトはいまいちだった。パンはどれも美味しかったが、これはこちらの主食なのだからまずかったら救いようがない。

そんなこんなで食事も終わり、集合時間である八時半に一階のロビーに行こうとすると、エレベーターの辺りに不審な連中がたむろしていた。何が不審かというと、連中は全員男、しかも皆同じ服を着ていて、異様な雰囲気を醸し出している。その上ロンドンでは聞き慣

ロンドン国会議事堂にて

れない言語で話しているのだ。

よく見ると年の頃は全員一〇代後半、髪は黒だがたまに茶色がいる。

……！（理解した）

そう、彼らは日本から来た修学旅行の高校生だったのだ。英語が聞こえないのも当たり前である。それにしても、修学旅行でロンドンに来るとは驚きである。聞くと九州福岡は八幡の私立高校の生徒らしい。

どうやら一足先に彼らがバスで出発するようだ。

「行ってらっしゃい」

「はい、また三越で会いましょう（笑）」

？　よく分からない返事をされたが、どうやらロンドン三越で買い物タイムがあるらしい。たぶんそこでまた会えるのだろう。

……実際のところ彼らとはものの一時間も経たないうちにまた会うことになるのだが、まぁそれは置いといて、ロビーにはすでにおばさま達が集まっていた。
私「おはようございます」
おばさん①「おはようございます。よく眠れましたか？」
私「ええ、そりゃもう、ぐっすりと」
当たりさわりのない挨拶。
おばさん②「あいにくの雨ですね」
私「……（うぐ）はい、そうですね。ロンドンは雨が多いそうですからしょうがないですね（責任転嫁）」
お天気の話。
おばさん③「どちらからおいでだったんですか？」
私「函館です。夜行で来たんですけど、途中で列車が止まっちゃってえらい目に遭いました（笑）」
おばさん達「まぁ、何かあったんですか？（興味津々）」
私「それがですね……」
といった具合に早速おばさま方と円滑なコミュニケーションをとる私。自慢じゃないが私は昔からおばさま方にウケがいいのだ（自慢か？）。ツアー旅行では、こうして皆様と早めに打ち解けておくのが楽しく過ごすコツである。

そうしてしばらく談笑していると、出発の時間になったようだ。早速本日お世話になる観光バスに乗り込み最後尾へ……って、ぐあっ、先客がいた。仕方なく後ろから三番目の席に座る。じいさまはといえば全然気にせず最後尾に座った。……先客いたのに。この辺の図々しさはさすが（褒めてない）。

そして全員いることを確認するとバスはホテルを離れた。

ちなみに我々がロンドンで二泊したこのホテルは「ノボテル・ロンドン・ウエスト（NOVOTEL LONDON WEST）」というホテルで、後に添乗員さんに聞いたところ、「割といい方」のホテルらしい。実際値段の割に悪くなかったと思う。

おっと、添乗員さんのことを書くのを忘れていた。今回の添乗員はU岸S子さん（S子さん本人の希望により実名は伏せます）。年の頃は私より一〇ばかし上のおねーさん（独身）である。そして、今回の旅行中に私が仲良くなった三大おば……じゃなくて、おねーさんズの一人。残り二人については後述するとして、いよいよロンドン観光へ出発。

▼▼▼まずはバスにてロンドンめぐり

本日お世話になるバスはなんと新車。そして車体には「ミレニアム二〇〇〇」の文字（もちろん英語）と、ロンドンの有名な建物の絵が描いてあり、結構かっこいい。というか、覚えやすい。少なくともバスを見つけるのは簡単そうだ。

そのバスの運転手はリッキー、本日のロンドン市内観光のガイドさんはヒロカさんという日本人。もうロンドンに二〇年も住んでいるベテランさんである。そしてヒロカさんの説明を聞きつつバスは一路罰金ガム宮殿へ。ここではなんとガムを噛んでると罰金を取られるのだ（大嘘）。道すがら見所がある度ビデオカメラをまわすのに大忙しである。

この旅行に私はソニーのデジタルビデオカメラを持ってきていた。さらにポケットには日本が誇るレンズ付きフィルムも持参しており、撮影に結構忙しかったのだ。実際、

「はい、左手はケンジントン宮殿です」

（いそいそと撮影）

「アルバート公爵記念碑です」

（あわてて撮影）……金ぴか、悪趣味（感想）。

「右手奥に見えるのはハロッズデパート

ロンドン塔から見えるタワーブリッジを背にして

ロンドン塔にて

です」

（ズームで撮影）……あ、私の持ってるハロッズ紅茶の缶と同じだ。

などなど。

そうこうしていると、バッキンガム宮殿に到着。……さっきの高校生軍団発見（笑）。

宮殿といっても中には入れないので外から見るだけ。門の中には有名な衛兵さんがおり、本当に微動だにしない。なんか、ミスター・ビーンを思い出すなぁ。が、今は冬のため赤い服は着ておらず、地味な色のコートだった。

ともかく、宮殿やら衛兵やらをちょっと撮影してすぐバスに戻る。

そのあとバスは、ウエストミンスター寺院やら国会議事堂やらトラファルガー広場やらを通ってロンドン塔へ。

大英博物館前にて

ロンドン塔。……なんてことはない、ただの石造りの円筒形の建物がいっぱい並んでるだけ。それよりも、テムズ川の方を見てみると、有名なタワーブリッジだ。ロンドン見物に欠かせない有名観光地、怒涛の連続攻撃（?）である。

が、雨がひどくなってきたので、傘を持ってこなかった私はすぐに土産物屋に避難。土産物を見て回っていたらあっという間に集合時間になってしまった。

……ちょっと待て、観光してないぞ、おい。

ああ、ツアー旅行の悲しさ。時間がないのだ。もう、大英博物館に向かっている。だいたいその大英博物館だって二時間くらいしか回れないそうだ。おいおい、歴史好きの私だぞ、せめて三日くらい時間をよこせ（無理）。と、不満たらたらのうちに大英博物館到着。まぁ、二時間ぽっちだけど、頑張って見て回るかな、などとあきらめの境地。

仕方なくガイドさんの後ろについて行かない私（笑）。だって、おばさま方がガイドさんに群がるんですもの。ずけずけと割って入りたくはありませんわ。

というわけで、ガイドさんを見失わないようにしながらも、好き勝手なところに行く私（笑）。団体行動乱しまくり（いいのか？）。

ロゼッタストーン、パルテノン神殿の彫刻、エジプトのミイラ等々興味津々で見て回り、ガイドさんの説明など全く聞いていない。短い時間ながら満喫。満足。

▼▼▼ロンドン最初の昼食は？

その後ロンドン中華街へ行き中華で昼食。さて、この昼食で、先ほど述べた私が仲良くなった三大おねーさんズの残り二人と同席したのである。聞くと二人は姉妹で（当時私が住んでいた）室蘭から来たとのこと。しかも、妹さんの方は八年前まで、私がいつも利用していた室蘭工大生協「パレット」で働いていたそうだ。

「ということはうちのBOSSのこと知ってます？」

「知ってるよ。あの人って＊＊（あえて書かない）だよね」

「（爆笑）……よくご存じで」

これで意気投合♪　世間って狭いねぇ。

さらにこのお二人、うちのじいさまの天然ぶりをいたくお気に召したらしい。実際、旅行中この四人（＋添乗員さん）での行動は最後まで続くのである。さて、このお二人も名前を公開するのはあれだから……、以後「姉さん」「妹さん」と記述しよう。

ちなみにここで食べた中華料理、味はまぁまぁだった。世界中どこに行っても、とりあえず中華料理ならまず安心なのである。

▼▼▼とんでもない事件、勃発

昼食後はナショナルギャラリー（国立美術館）へ。これはかの有名なトラファルガー広場に面した建物で、残念ながら中は撮影禁止とのこと。入ると右手に階段、前方にコート&荷物預け所、左手に売店。階段を上がると絵の描かれた年代ごとに分けられた各ウィングがあり、それぞれいくつかの部屋に分かれていて番号が振ってある。パンフを見ると、部屋の番号により、自分の現在位置が分かるというわけである。

さすがにこれだったらうちのじいさまも迷わないだろう。と、私は思った……。

「はい、では集合時間は**四時**一五分、集合場所は先ほどのバス、それまでは館内を自由に見て回っても構いませんが、私に付いてきていただくと、絵の説明を致します」

とガイドさん。

「それでは参りまーす」

ぞろぞろぞろ……と、おばさま方がガイドさんに付いて右側の階段を上がっていく。

「うむ、それでは私も行くとしよう」

と、回れ右して売店へ行く私。のっけから単独行動である。そこの売店で名画のカレンダー×二と『ナショナルギャラリー鑑賞の手引き』という本を購入。これを片手に一人館内を見て回ることにしたのである。

ダ・ヴィンチ、ルーベンス、ベラスケス、モネ等々、超有名画家の絵をそこかしこで見ることが出来る。……が、自慢じゃないが私は美術はどうも駄目である。だいたい小中学生のとき美術で5を取ったことは一度もない。高校の時は音楽を選択した。名画に対する造詣もない。そこから導かれる結論は一つである。

つまらん。

身もふたもないが、つまらないものはつまらないのだ。だいたい個々の絵がいかに素晴らしくてもこうも大量にあると飽きるぞ。それに宗教的な絵が多い。だいたいがキリストとかマリアとか天使とかが描かれているんで、そのうち**全部同じ**に見えてきた。例えるなら回転寿司屋に行ったらウニしか回っていなかったようなものだ。その上このウニは色がどうのとか、時代背景がどうのと説明されているわけだ。これではいかに旨かろうと飽きてしまうのだよ。

……例えが悪い？　というか、私はウニが嫌いだから、よい例えだと思う（笑）。

まぁ、それはともかく四〇分あまりも時間を残して私は一通り全部の部屋を回ってしまった。やれやれ、どうやって時間をつぶそうかな……。と途方に暮れていた私に天啓が！

ああ、これも絵の中に大量にいるキリストさんのお導きか（ちなみに私は無神論者）。

「別に館内にいなくてもいいじゃん」

というわけで、トラファルガー広場の方へ行く私。かの有名なネルソン提督（の彫刻）がてっぺんにいる塔とか噴水とか、広場から見たナショナルギャラリーなどを撮りご満悦。

と、そのとき私の前をなにやら見慣れた奇妙なものが通り過ぎた。なんてことはない二階建ての赤いロンドンバスである。……が、ピカチュウ、である。ロンドンバスの広告スペースにでかでかと描かれていたのはポケモンのピカチュウだったのだ。開いた口がふさがらない私。日本のアニメの世界進出おそるべし。

さて、そうこうしていると集合時間の四時一五分となった。やれやれ、今度はどこに行くんだったっけな、などと考えつつバスに乗り込んだ。が、一人足りない。

基本的にこの旅行はツアーだから一人でも集合時間に間に合わないと、当然その人が到着するまで全員が待たされることになる。他の皆さんに迷惑をかけないためにも、時間厳守が最低限のマナーなのである。

（まったく、誰だよ、遅刻する愚か者は）

最後尾の座席が空いている………じいさまだ（！）。

なんてこったい、ナショナルギャラリーで迷ったのか、じいさま。

まぁ、確かにじいさまも私と同じくガイドさんから離れて、一人で絵を見物していたようだが、まさか迷子になっていたとは……。

これは孫である私の監督責任が問われかねない事態である。

非常にまずい。なんとかフォローせねば、この旅行中の私とじいさまの立場が悪くなってしまう。なんといっても、これはツアー旅行なのだ。そこで、私は真っ先に動いた。

「すいません、うちのじいさまがまだ来てないんでちょっと捜してきます。五分で戻ります」

と添乗員さんに告げ、皆様に頭を下げると再度ナショナルギャラリーへ。

捜す……。

まだ捜す……。

あちこち捜す……。

……。

いない。

大いに焦りながらバスに戻る。

もしかしたら入れ違いでバスに戻ったのかもしれない。そう楽観的に考えたのだったが、バスの中にやっぱりじいさまの姿はなかった。つまり、なんというか、まぁ、これは、いわゆる、**行方不明**というやつではなかろうか。

だらだらと私の顔に脂汗が吹き出してくる。じいさまにもしものことがあったら、私は家族になんて説明すればよいのだ。私の焦燥はピークに達した。

と、添乗員さんが私に告げた。

「さっき連絡があって、三越にいるんだって」

「……………………………………………………………はい?」

混乱。

事情が飲み込めない私は顔中に?マークを張り付けて席に戻った。

「あれ?　じいちゃんどうしたの?」と妹さん。

「三越にいるそうです」

「なんで??」

私に聞かれても困る。

ともかく、バスは一路次の目的地であるロンドン三越へと向かったのである。さぁ、一体なぜうちのじいさまは三越にいたのか。

心してページをめくれ。

第四話 「迷子になったら？」

▼▼▼ロンドン三越に到着

さて、三越である。

……いた。じいさまだ。

さ、きっちり説明してもらいましょうか。だいたい、じいさまのせいでわたしゃバスの中でえらい肩身の狭い思いをしたんだから。と、事情を聞いた私だったが、真相が分かるとさすがに怒ることも出来ず苦笑するしかなかった。

事実私は、じいさまのせいでえらい恥をかいたわけだが、今回の件はたぶん、この旅行における私とじいさまの集団における位置が決まったという意味においても、非常に重要であろう。すなわち道化と従者（笑）。

じいさまの話を要約するとこうである。まず時差の話をしておこう。

我々が途中で経由したフランクフルトと日本の時差は八時間。日本時間から八時間遅れると、時計の文字盤は一二時間分なので、逆に針を四時間進めればよい。そしてロンドンと日本の時差は九時間。時計の針は三時間進めるのである。そこでうちのじいさまである。彼はなんと時計の針を進めず日本時間のままにしていたのだ。

そういえば、フランクフルトでこういう会話をしていた気がするぞ。

「じいさま、時計の針を四時間進めておいてよ」

「ん、四時間だな」

「まぁ、ロンドンに着いたらまた変わるからそのときまた言うわ」

「あいよ」

ロンドンに着いたあと私はとっても疲れていたので、そのことを言うのをすっかり忘れていた気がするぞ。

……………うぐぅ、**私のミスじゃん（！）**

そして集合時間一時間前の三時一五分。じいさまの時計の針は一二時一五分を示していた。迷わずじいさまは四時間足した。すると四時一五分、集合時間である。そして集合場所に行ったじいさまは、バスはおろか私を始め誰一人いなかったことに愕然とする。

「置いて行かれた」

そう思ったのであろう。じいさまは旅行のスケジュール表を見た。次はロンドン三越に行くと書いてある。

「じゃあ、そこに行けばいいのか」

そしてじいさまは歩き出した。道すがら綺麗なパッキン姉ちゃんに道を聞いたそうだ。

それもたった一言、

「ミツコ～シ？」

するとその姉ちゃん、ご丁寧に通りを一本ずつ指さしながら、

「ワン・ツー・スリー・フォー・ターン」

と行き先を指示してくれたそうだ。彼女が頭のよい親切な女性だったことは、じいさまの運のよさを物語っている。ロンドン三越がナショナルギャラリーから歩いていけるくらいに近かったことも幸いした。

無事、三越に着いたじいさまは、そこでも我々の姿がないことに気が付き、店員さんに事情を話した。するとその店員さんは、ご親切にもじいさまの持っているスケジュール表を見て添乗員さんに連絡を取ってくれたそうだ。そして、その電話を受けて私はえらい恥をかいたのである。

以上が今回の旅行中おばさま方の話題の中心となってしまった「**じいさま三越事件**」の顛末である。この話を聞いてまず私が思ったことは、

「ぬぅ、やっぱこのじいさま、行動パターンが私と同じだ……」

妙なところで血のつながりを感じるものである。

だいたい単独行動を好むのが一緒だし、道を綺麗な姉ちゃんに聞いたのもそうだ（笑）。そして、迷子になったと思ったらすぐに対策を考え、即座にその方法を選択する。これって長万部で足止めを食らった際に私が取った行動と、程度の違いはあれど同じことである。

そんなわけで、私は怒ることも出来ずに苦笑するしかなかったのである。むしろ「やるな、じいさま」と誇らしげな気持ちを抱いたのであるが、私から事情を話した何人かを除

けば、おばさま達はじいさまが迷子になって三越に保護されたと思っていたらしい。実状はこうだったのだよ。今さら遅い……というか迷子になった事実は変わらないか(笑)。

▼▼▼三越にてショッピング

さて、話は戻るが三越である。事情を聞いたのちお買い物タイムとなった。

何せ三越、店員さんはもちろん日本人だし、海外にいるのに日本語で買い物が出来るのだ。これは安心。おばさま達も大喜びである。綺麗に陳列されたブランド品の数々が我々を誘う……。

「じいさま、なんか買いたいものある?」

「ない」

終わった。

じいさまがお世話になったのにあれだが、そんなわけで我々は三越で買い物をしていない(笑)。

「あ、そう、じゃ集合場所の玄関で座って待っててよ」

と、じいさまに釘を刺し、私はおばさま達の買い物天国三越をあっさりとあとにした。ここ

ロンドン三越の店内(提供/三越)

に来る途中のバスからタワーレコードのお店が見えたので行ってみようと思ったのである。

さて、お店に着いた私はまずはビデオ、それもスポーツの棚に直行した。

「おっ、ちゃんとあるじゃないの」

そうして私がそこで購入したのは『F1GP《エフワングランプリ》九四年総集編』『フィギュアスケート、オリンピックシリーズ』

の二本である。むろん英語だが、それもまた良し。

前回カナダに行ったときもフィギュアスケートのビデオを二本購入したが、実によい出来だった。そんなわけで、今回も前回に習ってビデオを購入したのである。

さて、ビデオを小脇に抱えて店を出ようとした私だが、突然あることを思いついた。当時北海道で放映されていた『水曜どうでしょう』という番組で使われていた洋楽のCDを探そうと思ったのだ。

ちなみにこの『水曜どうでしょう』は、とっても面白い旅番組であり、ちょうど今回の旅行前の時期に、ヨーロッパ制覇の旅というのを放送していたのである。その中でとても魅力的な洋楽のCDをかけていたので、私はすっかりそれが欲しくなっていたのである。

せっかく外国に来たんだから、現地で洋楽を探すというのはきっと理にかなっている。

私は意を決して店員さんに聞いた（英語で）。

「すいません、オランダのバンドで『マリーマリー』って曲歌ってる人たちのCD探してるんですけど」

「そのバンドの名前は？」

「忘れました（←おい）。曲名とオランダのバンドだってことしか覚えてなくって」

「ごめんなさい、それだけじゃ分からないです」

「あ、いえ、こちらこそ無理を言ってすいません」

さすがに駄目らしい。仕方なく自力で探そうと思い店内を見て回っていると、目的のものではなかったが、これまた『水曜どうでしょう』で使われていたCDを発見した。A☆TEENSの『THE ABBA GENERATION』というCDである。手に取ってみると七曲目に『DANCING QUEEN』が収録されていた。

間違いない。これだ（嬉）。

『マリーマリー』の代わりといっては何だけど、これを買うことにした。「これで弟へのお土産が出来た」と満足する私。もちろん弟も『水曜どうでしょう』の熱烈なファンである。

しかし、私は普段から洋楽なんぞ聞いたことがない人間なのですっかり失念していたのだが、このCD、別に日本でも買えるのである。結果非常に笑える事態が生じたのだが、それはまたあとで（もうだいたい予想は付くでしょ）。

さて、これらの買い物が済んだので、三越に戻ることにした（じいさまがまたふらふらしていないか心配だったし）。

三越の玄関脇のベンチでは、じいさまが座ってなにやらおばさま方と談笑していた。問題ない。安心した私は添乗員さんに、

「この辺に本屋ないですか？」

聞くとタワーレコードのある通りに沿って歩けばあるらしい。今戻ってきた道なのでちょっとがっかり、だが気を取り直して行ってみた。

入るとレジにいる綺麗なお姉ちゃんが目に入った。早速声をかける。

「すいません、スポーツ関係の本はどこですか？」

「そこの階段を上がった二階にあるわよ」

「ありがとう」

無論英語である。……念のため。さて、上に行くとレジにはむさいおっさんがいた。

「………」

自分で探すことにした。数分後、私は一冊の本を手にとっておっさんのもとに行った。

「………」

無言で本を差し出す私。

「ほい、一六・九九ポンドね」

「………」

無言で二〇ポンド札を差し出す私。

「ほい、三・〇一ポンドのお釣り」

「ども」

店をあとにした。

さて、私がここで購入した本である。

タイトルは『THE LIFE IN FAST LANE』。著者はエディ・アーバイン。F1ドライバーである。九九年シーズンを振り返り、ひたすらシューマッハとフェラーリの悪口を書き連ねた（らしい）という自伝である。よほどディープなF1ファンでないと、まったく価値が分からない本だろう。もちろん洋書なので書いてあることは全部英語である。……一応、念のため。

ええと、この旅行中前書きだけは読破できた。あとは、……聞かないように（笑）。

再び三越に戻ると、そろそろ集合時間であった。たっぷりの買い物時間もツアー旅行の特徴である。それを有効活用し、私は完全に自分の趣味のものを買い込むことが出来たというわけである。ツアー旅行とはいえ、こういう楽しみ方もある。

▼▼▼夕食でも事件発生？

無事に集合した我々はバスに乗り込み、今度は夕食を食べるレストランに向かった。

訂正。レストランなどという高級なものではなく、イギリス大衆の憩いの場「パブ」である。そしてそこで出されたのはイギリスが世界に誇る名物料理「フィッシュ＆チップス」。簡単に説明すると、白身魚のフライとフライドポテトである。アメリカでいうならハンバーガーとポテト、日本ならおにぎりと漬け物に相当するような、こちらでは非常にメジャーな食べ物である。味は……まぁ、こんなものでしょ。悪くないけどびっくりするほど美味しくもない。イギリスという国の食事のまずさは世界的に有名だから、これはそれほどひどくはないな。

食べ終わってしばらくするとデザートが運ばれてきた。見た目ピンク色のクリーム状のものが、アイスクリームを入れるような器に入れられて出てきた。

？　イチゴのムースだろうか。

一口食べてみる。

「……………………………ごちそうさま」

一口でギブアップ。

確かにイギリスの食べ物はすごい。その日の私の偽らざる感想であった。

例えるなら甘さがいつまでも口の中に残って味覚を植民地化し、散々痛めつけた挙げ句、引き上げる際にはテパーム弾をぶち込んでいった。……そんな味。さすがは大英帝国の食べ物である（褒めてない）。

おばさま方はといえば口々にこのムースのまずさをネタに盛り上がっている模様。全部食べている人など誰もいなかった。ただ一人……うちのじいさまを除いて（！）。あれを完食するとは人間業ではない。『TVチャンピオン』に出られるぞ。

かくして私の開いた口はしばらくふさがらなかった。

これが、本日二回目の驚嘆「**じいさまムース事件**」の顛末である。いろんな意味で疲れ果てた我々がホテルに戻ったのは、それから一時間ほど経ってからである。

早々と眠りについていた我々は、深夜とんでもない事態に巻き込まれたのである。

すぴょすぴょと夢も見ずに熟睡していた私は、

「ビ〜〜〜!!!」

という凄まじい非常ベルの音にたたき起こされた。

火事か?

緊迫しながらページをめくれ!

第五話　「火事場のバカ二人」

▼▼▼一一月三〇日(火)午前四時　火災発生？

さて、飛び起きた私である。

非常ベルは相変わらずものすごい音で鳴り続けている。さらに部屋は真っ暗である。これは心臓に悪い。神経の細い人ならパニックに陥りそうである。だが、私は肝の座り方には自信がある。そう簡単に取り乱しはしない（えっへん）。

「やれやれ。とりあえず電気」

ぽちっとな。

一応照明はつくようだ。視界が回復する。

「ともかく避難しなきゃ」

と、思った私であったが、自分の姿を見て別の意味でパニックに陥った。

「しまった、こんな格好では逃げられん（汗）」

説明しておこう。今回の旅行、私はあるものを日本に忘れてきていた。賢明な読者ならもうお気付きであろう。そのものとは「パジャマ」である。これが日本の旅館なら浴衣の一つも置いてあるだろうが、どっこいここはイギリス、んなものがあるわけがない。しょうがなく私は……その……まぁ、はしたない格好……で寝ていたのだ。

ぐぁっ、こ、こんな格好で逃げたらそれこそいい笑い者だ。だが、早く逃げねば、

『逃げ遅れた日本人観光客ロンドンのホテルで焼死！』

い、いかん、明日の新聞の片隅にそんな記事が載ったらもう、家族に申し訳が立たん。というかそんな死に方は絶対に嫌だ。わたしゃ元帥服を着て椅子に座りながら、

「遅いじゃないかミッターマイヤー」（田中芳樹著『銀河英雄伝説』より）

などとつぶやきながら格好よく死ぬ予定なんだ。焼死などごめんだ、笑止だ。

すでに錯乱している。ともかくせめてズボンだけでもはいて逃げよう。

数秒間のパニックからなんとか立ち直った私は、着替えてしまおうとベッドから出た。

……と。

「……………………」

静寂が耳を支配した。けたたましく鳴り響いていた非常ベルが、突如止まったのだ。

「あれ？　あれれ⁇」

事態を飲み込めないまま私は服を着てパスポート、貴重品一式を身につけた。準備万端、これでいつでも避難できるぞ。

部屋を出ようとした私だったが、何か忘れていたような気がする。そう、何か大事なことを忘れてないか？

「………」

「………」

「………」

「じいさま！」

やばい、連れて逃げないと、

『孫に見捨てられた老人ロンドンのホテルで焼死！』

い、いかん、明日の新聞の片隅にそんな記事が載ったら、これまた家族に申し訳が立たん。

「じいさま、逃げるぞ」

すると彼はのそのそと起き出してポットのスイッチを入れた。

「な、なしたの⁇」

「ん、……おまえ、お茶飲むか」

「…………」

この非常事態にのんびり茶など飲んでいる場合かぁぁぁぁ！

言うまでもないが、これは**実話**である。信じられないでしょ？　私だって信じたくない。

この瞬間、私はいざとなったらこのじいさまを見捨てることに決めた。きっと彼なら燃え盛るホテルからお茶など飲みながら悠々と脱出するだろう。だいたいこのじいさま、殺したって死なないに違いないのだ。

ともかく、いそいそとお茶の準備をするじいさまを残し、私は廊下に出てみた。

「………」

誰もいない。もうみんな逃げてしまったのだろうか。不吉な考えが浮かんだが、すぐにうち消す。そもそも、非常ベルが鳴りやんで数分経過したが、何のアナウンスもなければ避難勧告も出ない。

「………茶でも飲むか」（所詮はあのじいさまの孫である）

私は部屋に戻った。

その後しばらく事態の推移を見守っていた私だが、どうやら誤報だったようだ。というか、たぶんどっかの馬鹿が煙探知器の下でたばこでも吸っていたのだろう。そう結論づけて私は、またはしたない格好に戻ってすぴょすぴょ寝た。

これが、我々の安眠をぶちこわしにした「**火災報知器誤報事件**」の顛末である。

いや、実際どっか燃えたのかもしれないが、今となっては我々の預かり知らぬ出来事である。

▼▼▼午前七時　朝食なのだが……

今朝方の火災報知器誤報事件のせいで、寝不足。ただでさえ食欲もないのに、届いた朝食は昨日と同じものだった。……げんなりしながらも食べる。

なんというか、早くもこちらの食事に飽きてきた。恐れていた事態、これはまずい傾向である。

ともあれ、今日も予定はぎっしりだ。てきぱき身支度を整えて、いざ出発。

▼▼▼午前九時　二日目の観光、スタート

眠い目をこすりつつ、バスに乗り込む。

本日のバスはたいして格好よくない。ドライバーの名前はデビッド氏。

「ほほう、どっかのへっぽこドライバーと同じ名前だな」

と、非常に失礼な感想を抱く私。

昨日と同じガイドのヒロカさんの案内で、一路ウィンザー城へ。

さて、ここでウィンザー城について簡単に説明しよう。現女王エリザベスⅡ世さんが週末を過ごされるという公式宮殿の一つである。「宮殿」なのだ。それは豪華絢爛の代名詞。そして「城」。支配者の軍事力の象徴。実際、ウィンザー城は小高い丘の頂に建てられており、攻めにくく守りやすい造りになっている。城壁のそこかしこには小さな鉄砲用の穴が空いており、内側から狙撃がしやすい構造になっている。そして城の北側にはテムズ川。背後の守りも完璧なのだ。

ふむ、理にかなった造りだ。実際この城を築いたのはウィリアム征服王というイギリスを軍事力で支配した王だそうだ。やるな、ウィリアム君。「征服王」の異名は伊達じゃないようだ。これが「制服王」だったらいろんな意味で大変だ。

などと、真剣な顔でアホなことを考えながら城を見て回る私。

さて、実際「宮殿」は一般に公開されており、王の寝室とか、晩餐会の部屋、謁見室等々一通り見ることが出来るのだ。その感想を一言でいうなら「豪華極まりない悪趣味」。いや〜、私だったらこんなとこに住みたくないね。

だいたいどの部屋にも得体の知れない絵が大量に飾ってあるし、天井にはこれまたキリストやらマリアやら天使やらの絵がでかでかと描いてある。置いてある家具は「値段が付けられない」というほど価値のあるものらしい。……部屋中ウニで埋め尽くされた気分だ。ラインハルト様が華美を嫌う気持ちが分かったわ。

唯一私の目を引いたのは王室の陶磁器コレクションの間である。

「いいなぁ、こんなティーカップで紅茶を飲みたいなぁ」

だいたいせっかく紅茶の本場イギリスに来たのに、アフタヌーンティーを飲みに行く自由時間がないのだ。これはゆゆしき事態であるぞ。そもそもイギリスで私が一番楽しみにしていたのは「本場の」アフタヌーンティーなのだ。そう、実は私は部屋に二〇種類以上のお茶の葉を揃えているほどの紅茶通なのである。

ウィンザー城観光などやめて、一人でハロッズデパートにでも行って紅茶を飲んでくればよかった。今さらながら惜しまれる。ああ、ツアー旅行の悲しさである。ここで一句。

紅茶すら
飲みにいけない
ツアー旅行

帰り際にふらりと立ち寄った売店で、私は素敵なティーコジー（紅茶のポットを保温するカバー）を発見した。紅茶のことがあってテ、ィーコジー（意固地）になっていた私は即座に購入した。

「これで妹へのお土産が出来た」

こうしてイギリス観光は滞りなく終了した。あとは、昼食を食べてパリに移動するだけである。

▼▼▼昼食、そしてユーロスター

その昼食はチキンとフライドポテト。……ポテト。芋である。

「………」

ひとまず完食する。

デザートは、生クリームがた～っぷりかかったアップルパイ。当然、甘い。飲み物がないと厳しい。と、そこへ紅茶のポットを持ったウェイトレスの姉ちゃんが通りかかった。

「紅茶っておかわり自由なの？」

「いいえ、一ポンドよ」

「あ、じゃあいらない」

こうして気の毒なアップルパイは半分以上を残して食べられることはなかった。

なぜなら、このとき私の所持金（ポンド）は残り一ポンド（約一八〇円）を切っていた。

見事なまでに使い切っていたのだ。実際もう、イギリスで買い物はしないので問題ない。フランスに入ったら今度は日本円をフランに両替すればいいのである。

そうして、昼食を食べ終わった我々はロンドン・パリ間をユーロトンネル経由でつなぐ「ユーロスター」という列車に乗り込んだ。

「ユーロスター」……、マツダの誇る名スポーツカー、ユーノスロードスターの短縮形ではない（当たり前だ）。ちなみに自動車ごと運んでくれる奴は「ルー・シャトル」である。例の『水曜どうでしょう』が使ったのは後者である。ともかく、ユーロトンネルをくぐれるのだ。これは楽しみである。

ところが、その楽しみを半減させる、あるとんでもない事態が生じたのだ。それは一体？

期待に胸を高鳴らせ、ページをめくれ！

第六話　「ユーロスターは憂慮したぁ」

▼▼▼一一月三〇日(火)午後二時　乗車前のひととき

さて、ユーロスターである。

駅に着いたのがだいたい二時。列車が出るのが四時くらい。切符を配ったり、出国手続きをしたりして時間を浪費したものの、だいたい一時間くらい自由時間が出来た。

「よし、この自由時間中に、どっかカフェテリアにでも行って紅茶を飲もう」

我ながら素晴らしいアイデアである。なにせ、ここはまだロンドン。ってことは、ここで紅茶を飲んだら、一応本場の英国紅茶を楽しんだ、ってことになるわけである。せっかくイギリスに来たのだし、紅茶通を自称するからには、これくらいやっておかなくてはならないだろう。

意気揚々と駅構内を探索していた私であったが、ふと重大な事実に気付いて愕然とした。

「**お金ないじゃん**」

そう、私の所持金（ポンド）は、日本円にして残り一五〇円程度。せいぜいスナック菓子ぐらいしか買えないのだ。

………ぬー。

またしても私はアフタヌーンティーを楽しむ野望を阻まれてしまった。

意気消沈した私はしかたなく駅構内をぶらぶらと散策。

……散策終わり。

結局残りの時間、私は添乗員さん、姉さん、妹さんの三人と仲良くお喋りに興じていたのである。そして集合時間二分前。

「便所どこだ?」

と聞いてきたのはご存じうちのじいさまである。

「ん、あっちの奥の方」

「あいよ〜」

「でも、そろそろ集合時間だからね」

「おう、分かってるぜ我が孫よ。この俺様を誰だと思ってるんだ。おまえのじいさまだぞ」

とは言わずに手をひらひら振ってじいさまはトイレへと消えていった……。

さて、集合時間である。添乗員さんは全員の人数を確認すると(一人足りないけど)おばさま方を引き連れてぞろぞろと奥の方へ消えていった。

▼▼▼じいさまのせいで、置いてけぼり

「……所在ないものだな」

一人取り残された私の感想である。

じいさまがトイレから出てくる気配はない。どうやらビッグなほうらしい。

「まったく、こんなことなら集合時間のもっと前に、余裕を持ってトイレに行ってくれればいいのに」

などという理屈が通じないのが、じいさまのじいさまたる所以である。

一応添乗員さんも様子を見に戻ってきたが、

「ああ、大丈夫です。場所分かりますからじいさまを連れて追いつきます」

との私の言葉にまた戻っていった。

しばらくしてじいさまが晴れやかな顔でトイレから出てきた。

「………」

さて、なんと文句言ってやろうか。私の頭の中でぐるぐると言葉が氾濫する。

……が、実際には。

「やれやれ。行くよ、じいさま」

なんだかんだ言ってもじいさま（スポンサー）には強気に出られない孫である。こうしたささやかなトラブルはあったものの、我々は無事にユーロスターへと乗り込んだのである。

▼▼▼ユーロスター車内

我々ツアー客一同は二号車と三号車に分かれて乗車することになった。ちなみに我々は三号車。ちょうど後ろの席には姉さん&妹さんがいた。

さて、発車してしばらくは窓の外の景色など眺めていたが次第に飽きた。それよりも最大の見所は言うまでもなくユーロトンネルである。トンネルに入る瞬間と出る瞬間は決して見逃せない重要なポイントである。思えば青函トンネルを初めてくぐったときも、同じようにいつトンネルに入るかとわくわくしていたものだ（遠い目）。

目安としては、フォークストンで停車したあとだということ。それまでの間、何をして時間をつぶすか思案のしどころである。

「……アーバインの本でも読むか」

いそいそとバッグから買ったばかりの本を取り出して読み始めた。

「……英語だ」

当たり前だ。

残念ながら辞書がないので適当に訳しながら読み進める。大学のゼミでは英語の論文を毎週のように訳しているので慣れたものである。この調子ではあっという間に前書きくらいは読めそうだ。

数刻後……。

「ZZZZZZZ……」

不覚であった。

気が付いたのはフォークストンまであと数分というときであった。

「皆様、本日はユーロスターをご利用いただき、まことにありがとうございます。この列車はあと三分ほどでフォークストンに到着いたします」（英語）

いや、英語の放送だったから多分こんなことを言っていたと思う。続いて、

「＠§★％£◎□〒→＝⊆はにゅ（?）ヨÅ♭♪∵∬¢♂℃#◎」

さっぱり分からないが多分フランス語で同じことを言っているのだろう。ともかく、この一連の車内放送にたたき起こされた私であったが、窓の外を見た瞬間、我が目は驚愕によって見開かれた。

「トンネル入ったの???」

するとじいさま、一言。

「いいや、**夜だ**」

クリティカルヒット。もはや窓の外には何ら景色は見えず、ただ車内の明かりを反射するだけである。なんということだろう！　これではトンネルに入っているのか、単に夜なのか見分けがつかない。ユーロスター最大の楽しみが奪われたも同然である。

だが、私は諦めなかった。見えないなら聞けばよい。そう、列車というのはトンネルに入ると音が変わるのだ。うまく言えないがこもったような音に変わる。それを聞き分ければいつトンネルに入ったのか分かるというわけだ。

よしよし、我ながら素晴らしい作戦だ。ひとまず聴覚に集中するために目を閉じるとしよう。私は単調な走行音に耳を澄ませた。

「………」

「………」

「………」

その瞬間はなかなか来なかった。そして当然の成り行きとして、

「ZZZZZ………」

本日二回目の不覚であった。

「¢£%#&＊@§☆★ふにゅ（?）○※〒∪∀∃⊥∂∇♯♭♪𝄐目瑠恣意」

「おあっ」

びっくりした。車内放送にまたしても起こされた。しかも、今度はフランス語から先に放送しているようだ。

フランス語が先⁇　……ということは。

「じいさま、トンネルは⁇」

「**さっき抜けた**」

かいしんのいちげき。

こうして私の意識は再び深淵の最果ての彼方の奥底へと転がり落ちていった……。

これが私の心に取り返しのつかない深い傷を残してしまった（大袈裟）「**ユーロトンネル未遂事件**」（?）の顛末である。

だが、ユーロスター君は傷心の私を慰めてはくれなかった。カレーに着いたときの出来

事である。これまで日本人観光客（我々）によって独占されていた三号車に異邦人が（大量に）乗り込んできたのだ。

空いた席に怒濤のように座っていく異邦人達（ここでは我々が異邦人だけど）。そして、私の隣に一人のフランス姉ちゃんが立った。

「どうしたの？（英語）」と私が聞くと

「¥♀〃＄＠ほにゅ（？）★∝♭？？」

「ご、ごめん、フランス語分かんないんだ（英語）」

そういうと姉ちゃんは自分の切符を私に見せた。三号車五九番の席と書いてある。

ちなみに私が座っているのは三号車五九番の席である。

「…………」

「…………」

思わず見つめ合う二人。そして、

「うんいいよ、私らは違う席に移るから」

これが日本人の最大の美点**「謙譲の美徳」**である。

後ろの席を見ると姉さん＆妹さんの姿はなく、代わりにフランス人のおっさん二人組が座っていた。……どうやらこの四人が被害を受けたようだ。

にしてもだ。どうしてこう私らにばかりトラブルが襲ってくるかな。三号車に残った皆さんからの気の毒そうな視線を一身に受けて悄然と我々は二号車へと移ったのである。

これが傷心の私にとどめを刺した「**座席鉢合わせ事件**」の顛末である。

さて、二号車である。……何でこっちは依然として貸し切りなんだろ？　そう、二号車には我々ツアー客しかいなかったのだ。むしろ、フランス人が前方に大挙して座っている三号車よりかは「なんぼかあずましいんでないかい（いくらかは快適じゃないの、という意味の北海道弁）」

ところで二号車にも姉さん&妹さんの姿はなかった。……ビュッフェかな？　説明しよう。ビュッフェとは列車内にある立ったまま食べる簡易食堂のことである。ともかく、私は行ってみることにした。

「なんか奢ってもらおう」

という下心を胸に。何せわたしゃ今手持ちのお金がないのだ。

……前方の車両へと移動していた私は途中妹さんと鉢合わせした。

「どうしたの？」

「いや、なんか飲もうと思って……お金ないけど」

すると妹さん奢ってくれるとのこと（嬉）。

ビュッフェに着くと、添乗員さんと姉さんがすでに出来上がっていた。

「あっ、司～♪」

どわっ、いきなり名前を呼ばれるとは思わなんだ。これまで添乗員さんには単に「**孫**」と呼ばれていたのだ。……それもどうかと思うが。そしてこのビュッフェでの出来事をきっかけに、以来この三人からは（たぶん）親しみを込めて、司と呼ばれることになる。

そして、三人のおねーさんズに囲まれて私は予定通りビールをごちそうになった。ちなみにこの日は妹さんの誕生日だった。一体何歳になったのかはとても怖くて聞けなかったが、姉さんの方がうちの母と同い年だということで多少の想像はしていただけると思う。

せっかくだし、これは贈り物をせねば。

というわけで、私はスナック菓子（一三〇円相当）を買ってきた。これで正真正銘、私の所持金は残り十数円の世界である。

このスナック菓子だが、日本で言うポテチ（ポテトチップス）である。味の方だが予想していたよりもずいぶん美味しかった。十分にビールのつまみになったので、おねーさんズには喜んでもらえたようだ。

そのビールも旨かった。私は日本のビールよりは外国のビールの方が飲みやすくて好きなので、その点もよかったと思う。

というわけで、実に楽しい飲み会を過ごしていたのだが、列車がひたすら揺れたのには参った。聞くところによるとユーロスターは時速三〇〇キロで走るそうだ。本当かどうかは窓の外の景色が全然見えなかったので確かめようがないが、非常に揺れたのは事実である。

そうしてそろそろパリに到着する段になり、添乗員さんは仕事があるからと二号車の方に戻っていった。これで飲み会は解散。あとはパリに着くのを待つだけである。

パリか……。

大事なことを忘れていた。これをやらないと何のためにパリに来たのか分からなくなる。

「しまった！」

私は二号車に戻るとじいさまの隣ではなく、周りに誰もいない後ろの方の座席へ行き、一人ぽつんと座った。そして窓の外を見る。少々見えにくいが、パリ市内のものと思われる灯りが遠くに見えてきた。準備万端。完璧に整ったシチュエーションである。

そう、パリに行くと聞き、私はささやかな夢を実現する機会だと喜んだものである。

それは、例えば宇宙に行ったら「**地球は青かった**」

宇宙遊泳したら「**私はカモメ**」

地球に帰ってきたら「**何もかもが懐かしい……**」

と、それ相応の決め台詞を言わなければならない。同じように、パリに行った人間が口にしなければならないある名言がある。そして私はそれを口にした。

「**翼よ、あれがパリの灯だ**」

……決まった。しばらく自己満足に浸っていた私だがある重大な事実に気が付いた。

ユーロスターに翼はない。

「……」

これが、ちょっぴりおセンチな（死語？）私の気分をずたずたにしてくれた「**リンドバーグ未遂事件**」の顛末である。こうして長い長いユーロスターでの移動が終了し、晴れて我々はパリの土（コンクリ）を踏んだのである。

「読者よ、これよりパリ観光だ」

いざページをめくれ！

第七話　「恐怖の欧州、お芋さんの応酬」

▼▼▼一一月三〇日(火)午後七時　スニーカーよ、これがパリのコンクリだ

パリに到着した我々は、早速観光バスへと乗り込んだ。

ちなみにパリではパリ観光用の現地ガイドさんがきちんと付くらしく、フィリップと名乗るフランス人が乗り込んできた。フィリップ……某フィギュアスケート界の千両役者と同じ名前だな。などとまたしてもマニアックなことを連想する私。

そして、車中で日本円をフランに両替した。二万円が一二〇〇フランになった。ひとまずこれで無一文からは脱出である。

そうしてフィリップ氏の聞き取りにくい日本語ガイドを聞きつつ、バスはパリ市内を走っていった。途中、（小さい）凱旋門（パリには有名なシャンゼリゼ通りの凱旋門の他にもいくつか凱旋門があるらしい）、セーヌ川、エッフェル塔、自由の女神（本家）、ノートルダム大聖堂、コンコルド広場等々を通り、その夜景を見て回り、夕食会場へと向かう。

▼▼▼夕食はまたしても……

今回の夕食はきちんとしたレストランでとるらしいのだが、ユーロスター車中で添乗員

さんから話を聞いてしまった私は少々浮かない顔であった。ちなみに本日の昼食はロンドンで食べたチキン&フライドポテト。んで、夕食もまたチキン料理らしい。

「なんとか連絡してメニュー変えてもらうわ」

と言っていた添乗員さんであったが、残念ながら交渉は失敗に終わったらしい。さて、そのレストランに入った我々はとりあえず席を決めるに当たって……、

「あ、じいちゃんと司はこっち」

の一言でおねーさんズの二人と同席と相成った。

ちなみに六人掛けだったので、あと二人はC葉ご夫妻をお誘いした。

そのC葉ご夫妻は、寡黙で照れ屋のご主人と、人当たりのよい素敵な奥様の組み合わせで、要するに大変「いい人」なのだ。この旅行中もいつも腕を組んで歩いており、なるほど、世の中には素敵な夫婦もいるものだ、と私を感嘆せしめたものである。

というわけでこの六人でテーブルを囲んだのだが、せっかくフランスに来たのだからワインを頼もうということになった。

ちなみに私は下戸なので、ワインなんぞほとんど飲んだことがない。だから、断ってもよかったのだが……もしかしてものすごく旨いワインが来て「一口飲んだ瞬間人生観が変わってしまうかもね（大袈裟）」という可能性も……ひょっとしたらあるかもしれないので一応頼んでみることにした。

……結果。この旅行中、私が二度とワインを頼むことがなかったことだけは明記してお

こう。

そうしてちっともうまくない前菜のミックスベジタブルに引き続いてメインディッシュの登場と相成った。チキンをふんだんに使ったチキンシチューである。かくして我々は本日二回目のチキン料理攻略へと取りかかったのである。さらに恐ろしいことにそのチキン料理の付け合わせであるが、またしても……、

魔手ポテト（誤変換だが何となく意味は通じてしまう）。

説明は不要だろうが、マッシュポテトのことである。言うまでもないが芋である。すでにメインディッシュは難攻不落の要塞となって我々の前に立ちはだかっていた。まるで呂布将軍の守る虎牢関並みである。ここに来て我々はヨーロッパの食事の恐ろしさに気付き始めていた。

まず、ポテト。芋である。芋と言えば我々北海道の人間にとっては主食であるが（嘘）、さすがにこうも立て続けに出されるといい加減飽きる。

「そんなことないもん。あたしはお芋大好きだから飽きたりしないもん」

などという方は試しに二～三日ポテチとジュースだけで生活してみるとよい。

さらにポテチに飽きたらメインディッシュには蒸し芋のポテトソースかけ。デザートはマッシュポテトとフライドポテト。芋焼酎も付けちゃおう。例外なくうんざりすること請け合いである。もしこの食事を平然と食べられるという方は「ポテト部」を設立して部長になることをお薦めする。少なくとも飽食の世代の代表である私なんぞは、げんなりし始

めていた。

……そうやって考えると、じいさまの世代の人は食料のない時代を生き抜いてきたわけだから、恐らくそうやって嫌と言うほど単調な食生活を送ったのであろう。うむ、だからこそじいさまはこの芋地獄にも文句など言わず、黙々と食べ続けることが出来るのだ。

一人目頭を熱くする私はこの感動を確かなものとすべく、じいさまに問いかけた。

「じいさま、料理のお味はどうですか？」

「……**だめだね**（きっぱり）」

「あ、やっぱり？」

所詮じいさまとはこういう人なのである。

ともかく、家では魚しか食べない（肉を食べない）じいさまなので、この洋食芋地獄は彼の生命力をじわじわと蝕んでいることだろう。

「まずい、このまま魚を食わせないとじいさまは……」

ここで説明しよう！　じいさまは長期間に渡って魚を食べないと怪人ジイサマーンに変身してしまうのだ（戦隊風ナレーション）。ふむ、どこかで外食することも考えないとなぁ……。肉を食べないじいさまはともかくとして、私自身も和食が恋しくなっていたのである。結局、呂布将軍の奉天画戟に串刺しにされた我々は虎牢関の攻略をあきらめ、一度軍勢を戻したのである。

すると、今度はデザートにケーキが出てきた。軍勢を戻したところに敵が追撃を仕掛けてきたような気分である。見ると敵は少数。

「よし、ここは一戦して敵を退ける」

そうしてケーキに口を付けた私であったが敵も甘くはなかった（文字通り）。

「なにぃ？　伏兵だと」

そう、ケーキには伏兵が潜んでいた。私にとって数少ない苦手な食物、レーズンであった。呂布将軍にけちょんけちょんにされた挙げ句に、徐栄将軍の伏兵に完膚無きまでに叩きのめされたわけである。ちょっと曹操の気持ちが分かった私であった。

教訓　やっぱり欧州の食事は恐ろしい。

かくしてパリの夜は更けていき、夕食もお開きとなった。

料理はともかく、おねーさんズとC葉ご夫妻との語らいが大変楽しいものであったことをここに付記しておく。

そしていささか疲れた我々は、一路、パリでの宿泊先である「フォレスト・ヒル・ムードン（FOREST HILL MEUDON）」というホテルに向かった。パリ市内からはいささか、若干、それなり、まぁまぁ、多少離れたところにあるホテルである。自由行動の日にはこのホテルからパリ市内まで行かなければならないわけだ。多少考え所ではある。

ともかく、部屋に入った私はベッドを見た瞬間度肝を抜かれた。

ダブル??

うおっ、じいさまとダブルベッド……一瞬想像して気が遠くなった私だが、いざとなったらじいさまを叩き出して一人で寝よう、覚悟を決めた。

だが、恐る恐るベッドカバーをめくると、ちゃんと中央から二つに分かれるようになっている。

そう、ダブルに見せかけた、セパレート式のベッドだったのだ。これで一安心である。

かくして移動疲れもあった我々は、とっとと惰眠を貪ったのである。

▼▼▼二月一日(水)　パリ観光、二日目

朝起きてシャワーを浴びて朝食を食べたのち、我々はバスに乗り込み、一路オルセー美術館へと向かった。本日のガイドはクリスチャン氏。ふむ、昔F1で顔面トム・クルーズとか言われていたドライバーと同じ名前だな、などと、もはや誰もついてこれないような感想を抱く私。

もう一人現地の日本人の方（ごめんなさい、名前忘れました）がガイドにつくらしい。なんでも美術館では大人数だとガイドが出来ないので（あと、他の客に迷惑なので）、ある程度の人数に分けなければならないそうである。

そうして、クリスチャン率いる「さくら組」と権兵衛氏率いる「カボチャ組」に分かれた。もちろん我々はカボチャ組である。なぜなら割とうっとうしい系のおばさま方はクリ

スチャンに群がったので、カボチャ組の方が断然居心地が良さそうなのである。これを北海道の人は「あずましい」と言う。

さて、そのオルセー美術館である。

モネ、ルノワール、ドラクロワ、ミレー、セザンヌ、ゴッホ、ゴーギャン、ロダン……さすがに私でも名前くらいは知っている著名な芸術家達の作品がところ狭しと展示され、まさに美術ファン垂涎の場所である。

だが、私にとってそれらの作品よりも一番印象に残ったのは美術館の入り口である。

「**オルセー美術館**」と**日本語で**でかでかと書いてあったのである。

私は感動した（すな**!**）

とまぁ、所詮私にとってオルセー美術館なんぞその程度の存在である（おいおい）。

終わり。

……

呆れずにページをめくれ**!**

第八話　「さも死にかけの……」

▼▼▼一二月一日(水)午前一一時　オルセー美術館見物、いつの間にか終了

というわけで、オルセー美術館を出発した我々が向かう先はノートルダム寺院である。名作『ノートルダムの鐘』で有名なあのノートルダム寺院なのだ。ところで私は『ノートルダムの鐘』を見ていないので「それがどうした」のレベルである（←いいのか？）

寺院に向かう途中のバス車中ではクリスチャンのトークが寒々と冴え渡っていた。

「三年前のシラク大統領の核実験があったときは日本人観光客が来なくて、ワタシは毎日お茶漬け食べてましタ」

ふむ、そう言えばそんなこともあったなぁ。にしてもお茶漬けでオチかい。

「この街には街路樹がたくさんありまス。プラタナス、マロニエ、アカシア……、アカシアって日本語だとなんて言うんでショウ？」

アカシアねぇ……針槐《はりえんじゅ》の俗称だよ。

「サンマですかネ？」

アカシア……さんま。

って、**やるなクリスチャン！**　ジャパニーズジョークを使いこなすとは侮れん外人だ。

というか、こんなくだらんことで彼を見る目を一変させたのは私くらいのものだろう。

ともかくノートルダムに到着した。ここでも「さくら組」と「カボチャ組」に分かれることになった。

さてそのノートルダム寺院である。中に入って上を見上げると天井の高いこと！　そしてばかでかいステンドグラス。なんと七〇〇年前のものらしい。七〇〇年前と言えばじいさまが生まれた頃か（大嘘）。

んで、そのじいさまはといえば「ほぉぉ〜」とか「へぇぇ〜」とか「なるほどねぇ〜」とか言いながらガイドの権兵衛氏の話を熱心に聞いている。

んで、私はというと、「寺院内は暗いのでスリが多いんですよ」との添乗員さんの言葉を受け、じいさまをこっそりボディーガードしていた。

ちなみにパスポートも現金も、美術館巡り用のフリーパスも、その他貴重品の類も全部私が持っている。だから盗まれるものなど何もないに等しいのだが、じいさまには「ロンドン三越事件」という前科がある。その上ここでスリにでもあったらいい笑いものである。

というわけで私は、ほとんど何の意味もないがじいさまの周りに不審な外人が近づかないよう警戒していたのである。何という孝行孫であろうか（？）。気分はケビン・コスナーだ……、と書くと、じゃあホイットニー・ヒューストンはじいさまか、とブラックな気分になった。

まぁ実際のところ、あまりに退屈なのでそうやって気を紛らわしていたのである。そして私の涙ぐましい努力の結果、特に何事もなくノートルダム観光は終了した。

「それではここで一五分ほどお土産を買う時間をとります」

というガイドの権兵衛氏の陰謀により（?）、我々は近くの土産物屋に放り込まれた。ノートルダム寺院関係のお土産がてんこ盛りである。楽しいお買い物タイムのはじまりはじまり～。

「じいさま、なんか買いたいものある?」

「ない」

終わった。

かくして私はとっとと店を出てノートルダム寺院の外観を眺めていた。

ほぉぉ～、これが本場のガーゴイルかぁ。試しに《ディスペルマジック》でも唱えてみるかな。というわけで呪文の詠唱を始めた私だったが、突如鳴り響いたサイレンと鐘の音に中断を余儀なくされた。まずい、呪文を使おうとしたことがばれたのか?

時計を見ると一二時。どうやらフランスでも一二時にはサイレンが鳴るらしい。そして鐘。要するにお昼の鐘である。ひょっとしたらこれが有名なノートルダムの鐘か。

とはいえ感動もへったくれもない上、はっきり言ってやかましい。

だいたいサイレンと鐘が同時に鳴ると普通の日本人は条件反射的に火事だと思うじゃないか。そんな私の内心の声などお構いなしに延々と鐘とサイレンは鳴り続けた。やっと鳴りやんだのは三分ほどしてである。しかしまだ耳鳴りがする。

「まだ胸ぇ〜の奥ぅ、鐘の音が聞こえるぅ〜〜♪♪」な気分である。今度カラオケで歌うとしよう（私と同じ函館出身のGLAYの『Winter, again』より）。

こうして我々はたいしておもしろくもないノートルダム観光を終え、昼食会場に向かった。

▼▼▼今日の昼食は、一味違う

さて今回の食事は（珍しく）楽しみである。というのも、エスカルゴが出るのだ。電電無視無視（?）カタツムリである。果たしてどんなお味なのか？　クロワッサンとミニフランスパンの味気ない朝食のおかげでお腹が減っていた私は、期待に腹を鳴らしつつレストランへと足を踏み入れた。さて、我々の席はと……、

「あ、じいちゃんと司はこっち」

の一言でおねーさんズの二人と同じ席と相成った。今回の相席者はS藤ご夫妻である。これまたC葉ご夫妻と並ぶ非常にいい人である。ちなみにご主人はとある俳優さんに結構似ているなぁというのが私の第一印象だったが、その俳優の名前が出てこない。結局今でも思い出せずに悔しい今日この頃である。

まぁ、それはそれとしてエスカルゴである。なにやら家庭用たこ焼きプレートみたいなものに入れられてお出ましである。要するにたこ焼きを焼く穴にエスカルゴが一匹ずつ入っているのだ。あ、もちろんすでに調理されてカタツムリの原形はとどめていないのでご

安心を。

とりあえず食べてみる。

………。

「**うま〜い**」

非常に美味しい。こんな美味しいものがまたとあろうか、いやない（反語）。

さらにエスカルゴを食べたあとに残ったガーリック風味のソースも美味しい。それをフランスパンに付けて食べる。

「**めちゃうま〜い**」

気になったのでじいさまにも聞いてみる。

「どう？　じいさま」

「**うん、こりゃうまい**」

大満足である。

そうしているうちにメインディッシュが運ばれてきた。

ビーフをふんだんに使ったビーフシチュー＋芋がまるまる二個……。またしても芋。ほとんど昨日のリベンジである。だが、今日の我々は昨日とは違う。

「ザクとは違うのだよ、ザクとは」（「機動戦士ガンダム」より）

そう、だいたい戦意が違うのだ。エスカルゴのおかげで我が軍の士気は高まっている。

呂布将軍にも負ける気はしない。

「行け、関羽、張飛、劉備！　ジェットォ〜・ストリィィィーム・アタァァァック！！！」

もはやわけが分からんがともかく、私はこの料理を完食した。無事昨日のリベンジを果たしたのである。というか素直にここの料理は旨かった。

こうしてお腹もいっぱいになった我々は、今度はこの旅行中最大の見所であるルーブル美術館へと向かった。いよいよ待ちに待ったメインイベント、というわけである。

▼▼▼ルーブルにびっくり

我々を乗せたバスはあっという間にルーブルの地下駐車場へと到着した。そこからエスカレーターに乗って上にいくと、様々なお店が両脇に軒を連ねており、要するに地下街の様相を呈している。まるで美術館らしからぬが奥の方に歩いていくと、さらに度肝を抜かれた。どこかの国際空港と見まごうばかりの、近代的なばかでかいホールが広がっていたのだ。しかも天井は一面ガラス張りであり、たぶん形状から言って「ガラスで出来たピラミッド」である。ここがルーブル美術館の受付ホールなのだ。

ここで説明しておくと、ルーブル美術館は要するに宮殿を改造して美術館にしたので、やたらと豪華で広いのである。そして、建物ごとにシュリー翼、デゥノン翼、リシュリュウ翼の三ブロックに分かれており、受付の正面にはシュリー翼への、右にはデゥノン翼、左にはリシュリュウ翼への通路（エスカレーター）がある。そして、このホールはかなりたくさんの人でごった返していたのである。

全く信じられない。だいたい美術館というものは暗くて重くて寂しくて、人もめったに訪れず、さながらひなびた温泉街か過疎の村、といった風情を醸し出しているものではないのだろうか（偏見）。それが、この近代的な建物と行き交う大勢の人々である。私の持っていた美術館の（いささか偏った）イメージを根底から覆された気分である。

ともかく、ここの受付で日本語版のパンフレットをもらった我々カボチャ組は、意気揚々とデゥノン翼へと向かったのである。

まず最初に訪れたのは、ミケランジェロの作品『囚われの身／瀕死の奴隷』。

その前で、権兵衛氏の熱心だが無意味に長い説明を聞き流しつつ、パンフレットを見ていた私の目はある一点に釘付けとなった。

『サモトラケのニケ』

????????

どうやら作品の名前らしいが、サモトラケのニケである。謎である。

『サカモトケのミケ』とか、『サモシニカケのサケ』なら分かるが『サモトラケのニケ』である。**サモトラケ**とは何なのかも分からないし、ましてや**ニケ**である。ニケ……、ネコの名前ではないことは確かである。

そしてサモトラケ。わけが分からない。さらには何語なのかも分からない。だいたい「サモトラケノニケ」とあれば何か固有名詞なのかなと思うが、サモトラケ「**の**」ニケである。

「の」、というと、文語的には格助詞の「の」であろう。連体格、主格を表す「の」なのだ。つまり、ニケは何かサモトラケに関係するニケだろうと思われる。

するとサモトラケとは……、

一　ニケの持ち主である。

二　ニケの作者である。

三　ニケが作られた場所である。

四　ニケの特徴を一言で示す言葉である。

こんなところであろうか。

ところがまた別のパンフレットを見ると《作者不詳》の文字が……。つまり、二番の可能性はないのである。さらにはニケとは何であろうか。謎は深まるばかりである。

ともかく一度実物を見ておかねばなるまい。だが、このままカボチャ組にいてはそれも難しい。だいたい権兵衛氏の説明が長いのだ。これではこの美術館の一〇〇〇分の一も見て回れないではないか……。こうなったら方法は一つである。

かくしてデゥノン翼に入って一〇分もしないうちに私はカボチャ組をあっさりと離れた。もちろん姉さんには「じいさまのこと頼みます」と言い残してある。これで後顧の憂いもない。安心して私は単独行動を開始した。

もちろん主目的はサモトラケのニケであるが、何しろここはルーブル、美の殿堂である。サモトラケのニケには及ばないものの、見ておいて損のない作品があちこちにあるのだ。

とりあえずサモトラケのニケに向かう前にいろいろと近場から見ておこう。

そうして私は、ひとまずデゥノン翼を見て回ることにした。

まず目に付いたのは『ナポレオンの戴冠式』である。ナポレオンが皇帝になり、その戴冠式で奥さんのジョセフィーヌに皇帝の冠をかぶせるシーンを描いた大作である。歴史の教科書に必ず載っているから誰でも知っている超有名作品だ。んで、実物を見ると……でかい！　少なくとも私の部屋よりはでかい。ほほう、これはすごい。一体何畳あるのやら。一度でいいからこの絵を実物大で載せた教科書を作ってほしいものだ（無理）。

ささ、次に行こう。今度は『民衆を導く自由の女神』である。

確かしばらく前までは日本に貸し出されて大騒ぎになっていた奴だ。ふむ、これまた教科書で見たな。

終わり。次。

『メデューズ号の筏』

……気持ち悪い。

終わり。次。

…………（大幅に省略）。

▼▼▼とある絵にびっくり

そうして気が付いたのだが、館内のあちこちに「とある絵」が描いてある看板が置いてあったり、柱に「その絵」が描かれていたりするのだ。そしてその絵の場所を指し示すかのように矢印付きである。ルーブルさん（？）はよほどその絵を見せたいらしい。

というわけでルーブルさんのご期待にお応えして、その絵を見に行くことにした。ちなみにその絵とは、レオナルド・ダ・ヴィンチの『**モナ・リザ**』である。

早速見てみた。

おおーっ、こりゃすごい！　さすがはモナリザ、**厳重な警備だ**（↑感心する場所が違う）。何しろガラスケース入りの上、絵の前には柵があるのだ。某チャゲアスの歌ではないが「モナリザの背中」は確かに遠い。納得。今度カラオケで歌うとしよう。

さて、**前置き**はこのくらいにして、いよいよサモトラケのニケを見に行くとしよう。

……まさかダ・ヴィンチもモナリザを前置きの一言で片づけられるとは思っていなかっただろう。もちろん私も思っていなかった。というか、そろそろ美術ファンに剃刀でも送られそうだな。……まぁ、いいか。

かくして私はいよいよサモトラケのニケの前に到着した。

実物を目にした私を衝撃が襲う。

「こ、これがサモトラケのニケなのか……」

私が見たサモトラケのニケとは……。

美術ファンの読者はおおらかな気持ちでページをめくれ。

第九話　「ルイは友を呼ぶ」

▼▼▼サモトラケのニケ

「紀元前一九〇年、ロードス島の人々はセレウコス朝のアンティオコス三世に対する勝利を記念してサモトラケ島に空から船の舳先に降り立った勝利の女神、翼を持ったニケの像を建てた」

……以上、私が高校のときに使っていた世界史の本より抜粋。

要するにニケってのは勝利の女神のことで、サモトラケとは地名サモトラケ島のことでした。これで長年に渡る謎が一つ解けたね。まぁ、世界史の資料にでかでかと載っていたということから鑑みるに、確かに私は知ってなければおかしいのだがそれはそれ、これはこれだ。細かいことを気にすると立派な大人になれないぞ。

さて、肝心のニケを見てみたが、頭と両腕がない。

「さては誰か食べやがったな（↑違います）」

しかし、名前のインパクトの割には実物はたいしたことがないぞ、と。そうは思ったが名物に旨い物なしと故人も申しているから諦めるとしましょう。

そのあと私はデゥノン翼をあとにしてシュリー翼へ。そこでかの有名な『ミロのビーナス』など、これまた著名な作品を駆け足で見て回ったのである。何といっても『ミロのビーナス』の後ろ姿を拝めたのがなかなか貴重な体験だった。

そうして集合時間一〇分前、待ち合わせ場所に行ってみるとすでに添乗員のS子さんがお待ちだった。

「おかえり～」

「あれ？　まだ誰も来てないんですか？」

「うん、まだ時間あるし、あっちの方に本屋とCD屋があったよ。行ってみたら？」

「んじゃ、そうします」

というわけで、そのお店の方へ。そしてまたしてもスポーツのビデオ売り場に直行。そこで私が買ったのは、『キャンデローロ・ストーリー』。

そう、フィギュアスケート界の千両役者。長野五輪銅メダリスト。かの有名なフィリップ・キャンデローロのビデオなのだ。むふふふっ、さすがキャンデローロの地元フランス、やっぱりありましたねぇ。ルーブル最大の収穫を手に、不気味な笑みを浮かべつつ集合場所に戻ると皆さんだいたいお揃いのようだった。

そうして次の目的地「パリ三越」へ。

三越……すでに読者の方はこの名を聞いただけでロンドンにおける「**じいさま三越事件**」を思い出すことだろう。

じいさま自身もあれは印象深かったらしく、こんなエピソードを残している。

ユーロスター車内の出来事である（なぜ第六話に書かなかったかというと、要するに私がすっかり忘れていたのだが、それはまぁ気にしないでくれ）。

窓の外を凝視していたじいさまと、アーバインの本を必死に訳していた私の耳に、後ろの席にいるおばさま達の談笑が聞こえてきた。

「でも、せっかくパリに来たんですから市内を歩き回って買い物がしたいわよねぇ」

「あら、でも迷子になったらどうなさるの？」

「そうよねぇ～」

すると、さっきまで窓を見ていたはずのじいさま、すっくと立ち上がりおばさま達に向けて一言。

「**迷子になったら三越に行けばいい**」

これには車内大爆笑。この旅行中の流行語大賞決定の瞬間である。

ともかく、その三越である。

ルーブルから徒歩ですぐ。おばさま達の買い物天国三越へ到着した。

▼▼▼パリ三越にて今度こそお買い物

前回ロンドンでは全く買い物をしなかったのだが、今回は頼まれ物などもあったので、ここでお土産を買うことにした。じいさまはぶらぶらと店内を見て回り、私は香水売場のおばちゃんと品物についてあれこれ交渉していたときのことである。

ふっ

……っと、店内がいきなり真っ暗に。

「停電か？」

しかし、店の外を見ると煌々《こうこう》と街の灯りが……。ということは？

「ひょっとしてブレーカーでも落ちましたか？」

どうやらそのようだ。懐中電灯を持った店員さんがなにやら奥の方に引っ込み作業をすると再び店内に電気が灯った。しかも、どうやら私のいる二階のフロアだけが停電になったようだ。まったく間が悪い。ともかく、たいして時間もないので再び香水売場のおばちゃんと交渉しつつお土産を選んでいると、

ふっ

……っと、店内がいきなり真っ暗に。

「……またかい」

ひょっとして三越さん、私にお土産を買わせたくないのだろうか？　いやいや、こんな些細なことに負けてどうします。二度の停電にもめげずに無事（？）お土産を購入。ただし、買おうとしたときに二度も停電が起こるとは縁起でもない。ここで買ったお土産、呪われていなければいいけどねぇ……くけけけけ（？）。

そうして買い物を済ませた我々はバスに戻り一路ホテルへ。

途中イルミネーションが綺麗なシャンゼリゼ通りや、コンコルド広場などを経由し、セーヌ川沿いの道へ。

そこのトンネルのようなところを通ったときガイドの権兵衛氏、

「はい、前方左の柱を見てください。一三番目、はいこれです。お写真撮りましたか？」

？？？

よく分からないが何か有名な場所なのだろうか？

「はい、ここでね、二年ちょっと前に交通事故がありましたね。ダイアナさんですよ」

ほほう、なるほど。ここが事故現場というわけか。納得。そうしてその先のところで権兵衛氏とはお別れのようである。が、その前に彼から、

「実は私ここで日本料理屋を経営していまして、今日か明日に、夕食をそこで食べませんか？」

という営業があった。ふむ、じいさまに和食を食べさせてあげたいし、もし誰かが行くというならご相伴するか。と思っていたのだが、誰も手を挙げない。結局、権兵衛氏は寂しそうにバスを降りていった……。

まぁ、そんなこともあってホテルに到着。とはいえ夕食までは少々時間があるようだ。それに夕食はホテルのレストランで食べるのである。そこで……

我々は近くのガソリンスタンドへ行ってビールを買い込み、夕食前から飲みモードに突

入したのである。あ、ちなみにこっちではコンビニのような店があまりなく、代わりにガソリンスタンドでいろんな物を売っているのである。

会場は姉さんと妹さんのお部屋。さらに驚いたことに、そこには日本から持ってきていたものと思われる鱈の珍味があり、なんと一味とうがらしと醤油とマヨネーズの用意までされていたのである（！）。酒飲み根性おそるべし。

そうして飲み会がスタート。集まったのはじいさま、私、おねーさんズの計五人である。

当地で購入したビールに関しては見たこともないような種類のものが大量にあり、なかなか興味深い。特に目を引いたのは「アムステルダム」という銘柄のビールで「エキストラストロング」と書いてある。「**ことのほか強いぜ！**」と自己主張しているビールなのだ。アルコール度は一〇％（！）。これにはびっくりである。もちろん私は遠慮した。んなもん食事前に飲んだらぶっ倒れてしまうわ（↑下戸）。ところが……、

「あまーい」

「ほんとだ、すっごい甘い」

？？

甘いビール？　ちょっと興味がある。飲んでみた。

「ほんとに甘いし……」

全く不思議な飲み物もあったものである。

さらに謎のラテン系の名前が付いたビール。缶自体も、けばけばしい色で塗ったくられ

ている。ちょっと興味がある。飲んでみた。

「……ジュースみたいだ。ビールをサイダーで割ったみたいな味がする」

見るとテキーラと書いてある。どうやらビールをテキーラで割った物らしい。

「おいしーい」

と添乗員さん。じいさまも、

「これは美味しい」

と、満足げ。なにやらフランスという国はおもしろいビールの宝庫らしい。

こうしてなんだかんだと六種類のビールを味見した我々（特に私）は上機嫌で（と言うかすっかり出来上がって）夕食会場へと向かったのである。

が、行ってみると席が足りない……。計三つの大きな丸いテーブルにはすでに皆様お揃いであり、空いていた二席にじいさまと姉さんがすかさず着席。……と言うことは、そう、結果私は妹さん、添乗員さんと三人で別テーブルでの食事と相成った。とはいえ、すっかり出来上がっていた私であるので、楽しく談笑などしつつ夕食をいただいたのである。なにせ、添乗員さんがボトルで頼んだ白ワインなんかも、もらって飲んでいたのであるから、普段の私からすれば非常に珍しい状態であった。

そうして他の皆さん（じいさまを含む）が食事を終えて部屋に帰ったあとも、別テーブルの我々三人に姉さんを加えた四人は延々とレストランに居残り、おもしろおかしく飲んでいたのである。

と、そのレストランの壁に掛けてある絵が私の目を引いた。

Ｆ１マシンの、それもよく見ると『マクラーレンホンダを駆るアイルトン・セナ』の絵だったのだ。

私は感動した。こんなところで亡きセナ様にお目にかかれようとは、はっきり言ってルーブルの比ではない（おいおい）。

ともかく、そうして延々と続いた食事を終えて我々は自分の部屋に戻った。

▼▼▼一気に酔いも醒める

ドアを開けた瞬間に私の目に飛び込んできたモノ。それは……じいさまの裸体！　どうやらちょうど風呂上がりだったらしい。

バタン。

「………」

無言でドアを閉め後ろを振り返ると……、

「見ちゃった（笑）」

と妹さん。

「じいちゃんのお尻（笑）」

と姉さん。

頼むからそんなもんを見て喜ばないでくれ。

と、これが私の酔いを一気に醒ました「**じいさまヌード事件**」である……。

さて、気をとりなおして、二次会だ。そのあとも我々は深夜まで、今度は添乗員さんの部屋に移り、また四人で（今度は私はコーラを）飲んでいたのである。この旅に参加しなければ出会うこともなかったであろう、世代の違う皆さんと仲良く飲み明かす。これもツアー旅行の醍醐味ではなかろうか。

日程も終盤に来て、我々は『旅仲間』になっていたのである。

こうしてパリの夜は更けていった。

▼▼▼二月二日(木)　ヴェルサイユのじいさま

また昨日と同じ朝食を食べ、バスに乗り込み、向かう先はヴェルサイユ宮殿である。なにやら今日はお天気もよく、なんだかよいことありそうな予感（あくまで予感）。

到着した際じいさまは、

「これじゃあ暑いか」

と、着ていたジャンパーをバスに置いて外に出た。

ヴェルサイユではまた現地のガイドさんが我々を待っていた。が、そのガイドさん、どうもなにか重大な勘違いをしたままフランスに住んでいるようなお方で、控えめに言ってもそのセンスは全然理解できない人であった。

第一印象は一昔前のホームドラマにでも出てきそうな「教育ママ」。そして、着ている

ヴェルサイユにて（バスまでジャンパーを取りにいったじいさまである）

服はピンク（！）。さらにはルイ一四世のことを「あたくしのルイ」と呼ぶなど、やりたい放題である。

私が呆気にとられているとじいさまが、

「おい、寒くないか」

全然。

「……寒いなぁ」

ジャンパーを脱いだんだから当たり前だ。

「……（無言で私のジャンパーを見つめるじいさま）」

分かった分かった、貸せばいいんでしょ貸せば。

かわいそうに、私は追い剥ぎ（じいさま）にジャンパーを取られてしまったのである。

そしてメインイベントのヴェルサイユ

宮殿の見学。中は混んでいる。非常に混んでいる。なにせ同じ部屋に三つのツアーが入って、それぞれのガイドさんが三人して同時に説明するほどである。何を言っているのか聞き取りにくいことこの上ない。まぁ元々ガイドさんの話なんぞたいして聞いていないからあまり関係ないけど。

結局、私の嫌いな人混みを抜けやっと宮殿を出られたのは一時間も経ってからであった。宮殿内はまぁ、豪華絢爛、壮麗無比、贅沢三昧、五十歩百歩、南無阿弥陀仏……だなぁというのが感想。終わり。

ただ、庭園は広大で非常に美しく、これには素直に感心した。お薦めである。

そうして宮殿をあとにして昼食会場に向かい、バスを降りて徒歩でレストランへ。そこではまたまた姉さん&妹さんと同席。ここではメインが魚料理で、じいさまも無事食べることが出来たようで少々安心。味は結構よく、特に食後のチョコレートケーキは美味。

ところが、レストランを出て再び徒歩でバスに戻った我々に、思ってもみなかった重大事件が待ちかまえていたのである。

「あれ？　バスはどこ？」

そう、バスは我々の前から忽然と姿を消していた。そして我々を驚嘆せしめた二つの事件。それは一体？

第一部最終話のページへＧＯ！

最終話　「やっパリ三越に行けばいい」

▼▼▼バスはどこ？

忽然と姿を消していたバス。そして、あわてて連絡を取った添乗員さんから、バスの運転手さんに起こったよい知らせと悪い知らせが伝えられた。

簡単に説明しよう。

我々が昼食会場に向かった後、運転手さんは彼自身の昼食をとろうと、バスを路上に止め、サンドイッチを買いに行った。そのわずかな間に事件は起きた。そう、フランスのポリスが路上駐車しているバスを発見し、哀れ運転手さんは駐車違反の現行犯、罰金決定となってしまったのである。お気の毒……。

ええと、一見悪い知らせのようだが、実はこちらがよい知らせである。

では、悪い知らせについて説明する。

運転手さんがサンドイッチを買いに行ってすぐ、なんと泥棒さんがバスの鍵をこじ開けて侵入したのだ（！）。そして、運転手さんのバッグ（**免許証入り！**）が盗まれてしまったのである。また、我々の荷物もバスの中に置きっぱなしであったため、盗難の危機であったのだが、幸いにもポリスがバスに近づいてきたので、泥棒さんは我々の荷物には手を付けずに逃走したのである。

ね、最初のはよい知らせでしょ。

ともかく、これが不幸な運転手さんに訪れた二つの事件である。

それからが大変である。免許証を盗まれたため、この先この運転手さんのバスには乗れなくなってしまったのである。当然代わりのバスを呼ばなければならない。そんなわけでしばらく手続きに時間もかかる上、交通手段もなく我々はパリ市内にて集団迷子状態である。

さぁ、ここで、じいさまの言葉を思い出してみよう。

そう**「迷子になったら三越に行けばいい」**。

というわけで、我々はみんなしてぞろぞろと三越へと行ったのである。嘘のような本当のお話である。

▼▼▼三〇分後、ようやく代わりのバスが到着

急遽やってきたバスに乗り込み、我々は三越を離れ、今度はフォンテーヌブロー城へと向かった。かのナポレオン氏の居城である。特におもしろいこともなかった。……終わり。

次の目的地はバルビゾン村。かのミレー氏のアトリエがある場所である。ここで、ミレー氏が有名な『落ち穂拾い』や『晩鐘』を描いたという、ファンにはたまらない場所である。そして、実際に我々はそのアトリエを見学できたのである。

感想は……特にない（おい）。終わり（終わるな）。

ちなみに、パリに戻る途中の夕暮れの景色は大変美しいものであった。まさにミレーの描いた絵のような景色。これには素直に感動。

▼▼▼本日の夕食は日本料理屋で

若干スケジュールからは遅れたものの、ツアーの一行は本日の夕食会場へ到着した。が、私、じいさま、姉さん＆妹さんの四人は、そこでは食事をせずに待ち合わせ場所である三越へ。その三越では、昨日のガイドの権兵衛氏がすでに待っていた。

ふっふっふ。そう、この日のツアー行程の夕食をキャンセルし、我々は昨日のガイド、権兵衛氏が経営しているという日本料理屋へ行ったのである。

さらに嬉しいことに権兵衛氏がポルシェ（！）で店まで送ってくれたのだ。

そもそも何故そういう事態になったかということを説明せねばなるまい。

実はこの日の夜はオプショナルツアーで「リド・ドリンクショー」というのが入っている予定であった。ちなみにリドというのはヨーロッパ最大のキャバレーで、羽根飾りを大量に付けた綺麗なおねーちゃんのダンスショーなどが見られる非常に楽しそうなところなのである。

……決していかがわしいお店ではない、はず。

が、予約が取れなかったとかで中止になってしまったのである。

これを楽しみにしていたじいさまはがっかりしていたので、私が粋な計らいで日本料理屋へ行くことを姉さん&妹さんと協議の上決定したのである。また、このことを添乗員さんから伝えられた権兵衛氏は大変な喜びようで「じゃあ店まで車で送ります」とわざわざ待っていてくれたのである。そしてパリ市内をポルシェで走り回り（めちゃめちゃ楽しかった）、到着した権兵衛氏のレストランで、我々は久しぶりの和食に舌鼓を打ったわけである。

もう、そこで食べた食事のおいしかったこと！　間違いなく今回の旅行中一番である。日本人に生まれた幸せをかみしめたひととき。じいさまも大満足。

▼▼▼夕食後は、夜のパリ観光

そうして夜の九時。店に一人の日本人の女性が迎えに来た。そう、実はこの日の夜はまだ終わらない。我々は昨日のもう一人のガイドのクリスチャン氏（アカシアさんまの人）のつてで夜のパリ市内観光ガイドをお願いしたのである。んで、その迎えが来たわけだ。日本人のガイドの方なら安心だ。我々四人は彼女の車（トヨタ）に乗り込んだ。ところが……

その日本人に見えた女性、**実は日本人ではなかったのだ！**

しかも彼女、**日本語が話せなかった!!**

うぐぅ、仕方がないので私の拙い英語でなんとか会話をしたところ、どうやら彼女はクリスチャン氏の奥さんでクリスティーヌさん、ベトナム出身だそうだ。日本人に見えたのも無理もない。

ともかく気を取り直して、まずはエッフェル塔に連れていってもらうことにした。

エッフェル塔は一番上の第三展望台まで行くのに六〇フラン（約一〇〇〇円）。

実に美しいパリの夜景を堪能。大満足。

続いてコンコルド広場へ。実はそこには二〇〇〇年を記念して期間限定で観覧車が設置してあったのだ。それに乗ろうというわけ。

ちなみに市内観光中にも見かけたが、間近で見ると、とある違和感が……。そう、こっちの観覧車、日本のと比較にならないほどのものすごいスピードで回転するのである。普通日本の観覧車というのは一周するのに一〇分くらいはかかるものである。そうしてゴンドラが地表に来た際に乗り降りをするのだ。ところがこれは一周数十秒とかからずにぐるんぐるん回っているのである。あまりにも速すぎる。どうやって乗るのだろう？
一　フランス人は運動神経がよいのでこの高速にもめげず飛び乗れる。
二　係員が放り込む。
三　実は誰も乗っていない。
正解は……。

四番「乗り降りの際には回転が止まる」でした。

いや、まぁ、考えてみれば当たり前か。

ともかく我々は観覧車に乗り込んだ。ちなみにじいさまは怖いと言って乗るのを遠慮し、車の中で待機。……日本語が出来ないクリスティーヌさんと、英語も話せないじいさまの二人で間が持つのだろうか？　とまぁ、心配ではあったがともかく観覧車である。

六人乗りのゴンドラだったので我々三人の他にフランス人カップルが乗り込んできた。女性の方は目の覚めるようなパツキン美女。男性の方は（頭が）ジャック・ヴィルヌーブ似の平凡な容姿の方。……まぁ、世の中には不思議なこともいろいろあるね。

しかしその観覧車だが実に楽しい！　綺麗な夜景もぐるんぐるん見られるし、天井には日本語、英語、フランス語、ドイツ語のガイドが流れるボタンがあった。

とりあえず日本語のボタンを……。

おっと、そうそう、こういうときには礼儀として「スィル・ブ・プレ」と一言断りましょう。英語で言うところの「プリーズ」です。昼間ガイドさんからこれの簡単な覚え方を教えてもらったので早速実践。ある日本語で代用できるというのだ。最終話にして初めてフランス語を使う私の姿、とくとご覧あれ。

ボタンを指さし、件の美女に向かって一言。

「しもぶくれ？」

「うぃ」

通じたらしい。

無事日本語ガイドが流れ出した。よかったよかった。

まぁ、そんなこともあって非常に楽しい観覧車も終わり、今度はシャンゼリゼ通りにある正真正銘、一番有名な凱旋門へと向かった。が、その凱旋門はぐるっと車道のロータリーになっており、歩行者はどうやって到達すればいいのかわからなかったのである。

さて、どうやって行けばいいのだろうか。

一　フランス人は運動神経がよいので車道を車を避けつつ進む。

二　係員が放り投げる。

三　実は進入禁止。

正解は……。

四番「地下道を進む」でした。

いや、まぁ、考えてみれば当たり前か。

ともかく我々はその地下道を通って凱旋門の真下に到達した。そうして間近から見上げてみると、これがでかい！　実物はずいぶんと大きいことが判明。

んで、上に上れると聞いたのだが、残念ながらこの時点ではもう夜遅いので入ることすらできず。仕方ないのでぼけーっと見上げているとフランスの警察官がこっちにやってきた。

？？

何か悪いことでもしたんだろうか？　すると、

「£@§☆〒「√‡」

は？

どうやら自分のフランス語が通じていないのが分かったようで、しばらく思案した後、一言。

「くろーず」

あ、はい、わかりました、もう閉めるんですね。

というわけで、我々は凱旋門を追い出され車に戻った。結局この時点で夜一二時近くになっていたので、そろそろホテルに戻ることにした。

道中クリスティーヌさんと仲良く英語で談笑なぞしつつ三〇分ほどでホテルに到着。だが、到着した後姉さん&妹さんが「ビールを買いに行こう」と言い出した。酒飲み根性おそるべし、である。

ということで、ホテル近くのショッピングセンターへと行ったのだが、もちろん店は全部閉まっているし、ビールの自販機もなかったため仕方なく引き返し、ホテルのバーで飲むことにした。が、さすがに疲れていたのか、ビール一杯飲んだところ、どっと眠気が襲ってきたので早々に切り上げ、とっとと寝ることにした。

▼▼▼一二月三日(土)　ついに最終日

この日の朝食をすっぽかし、私は昼近くまで爆睡。

そう、この日は午前中自由時間だったのである。とはいえ、じいさまを連れて市内にまで行く気がしなかったので、このようにすっかり休んでいたのである。
もっとも、昼近くになってから添乗員さんに引き連れられてツアーの皆さんでぞろぞろと昨日の夜に行った（が、そのときは閉まっていた）ショッピングセンターへ行き、買い物など楽しんだのである。そこでは本屋、ＣＤ屋などを見ていたのだが日本製の漫画、アニメが大量に置いてあり、びっくりである。

結局ここでも『マリーマリー』は見つからず。

そして午後二時にホテルを出て、三時に空港にて出国手続きを済ませ、五時半までの長い時間を免税店などで過ごすことになった。ここで、お土産を買おうというわけである。大学の研究室へのお土産にチョコレート、卒論を書き上げた際にみんなで空けようとシャンパンなどを購入。

さらに、自分のためにそれなりに高いブランデーなども買ったのだが、この際フランの持ち合わせがなく、仕方なく一万円札を出したところ、お釣りがフランで返ってきた。およそ三〇〇〇円分くらいのフランなのだが、すでに使い道がない。お土産はだいたい買ったし、お酒を二本買ったため手荷物もすでに重い。これ以上何か荷物を増やすのは考え物である。

仕方ないので再び免税店を端から端まで見て回り、軽くて三〇〇〇円くらいの品物を探し回る。が、全然見つからない。時間はもう迫ってきた。

……そこで、私は覚悟を決めてあるモノを購入した。おそらく日本に帰った後に最も役に立つと思われるモノである。そう、私は日本円を買ったのだ。三〇〇〇円が戻ってきた。

さ、これで後顧の憂いもない。しかも帰りの便は成田までの直行便。行きは関空だったが、帰りは成田空港を使うのだ。これは楽である。飛行機に乗り込んで一〇時間のフライトだ。ちなみにこの飛行機の席は割と仲のよかった人が固まったのでお話などしつつ楽しく飲んでいた。

そうして、日本時間の一二月四日昼の一時頃に到着。ところが、新千歳に行く便は夕方五時過ぎなのでまたまた時間が空いてしまった。そこで、国際線の到着口の端にあるレストランにて、いつもの五人で時間まで食事などしつつ過ごしていたのである。

結局飛行機が少々遅れたため新千歳空港に着いたのは夜の七時半過ぎ。なんだかんだと解散したのは八時過ぎである。

それにしても、トラブル続きだったものの、添乗員さんやメンバーにも恵まれ、実に楽しい旅だった。

名残惜しい気持ちを抱えつつ、私とじいさまはお世話になった皆さんに別れを告げると、南千歳へと移動した。

▼▼▼一週間ぶりの「はまなす」

さて、南千歳である。この段階で函館に帰る特急の「北斗」はもうなく、夜の一〇時過ぎに来る急行「はまなす」を使うしかないのである。そういえば、そもそもこの旅行記の

第一話においてトンネルが崩落していたときに乗っていたのが、この「はまなす」である。

ん？　そういえば、不通だった室蘭線はどうなったのだろう？

みどりの窓口に確認に行ってみると……、

「一二月四日二二時より開通いたします」

ふむ、ちなみに現在の時刻だが一二月四日の二二時だぞ。

そう、我々は開通後南千歳からの列車**第一号**に乗り合わせたのである。出発のときは被害第一号となり、帰ってきたら、復旧第一号。これも運命の巡り合わせであろうか。

かくして、我々は今度は何事もなく、函館へと無事帰り着くことが出来たのである。

めでたし、めでたし。

エピローグ——というか蛇足……

さて、家に帰ってさっそくお土産を弟どもに配ろうとしたところ……。

「あ、そのCD持ってる」

なに?

「昨日買った」

素晴らしいタイミングの悪さである。

さらには私の買った三本のビデオであるが、どれも日本のビデオデッキにて再生が出来なかった(涙)。あう〜、金返せぇ〜。

教訓　ヨーロッパと日本ではビデオテープの規格が違う。

ロンドン・パリ旅行記、おしまい。

第二部　春のイタリア珍道中

イタリア旅行の日程

ロンドン⇨関空⇨千歳へ
リヒテンシュタイン
オーストリア
ハンガリー
スイス
トレント
ウディーネ
スロベニア
クロアチア
ベルガモ
6日目
ミラノ
ヴィチェンツァ
ヴェネツィア
トリノ
5日目
ピアチェンツァ
パルマ
モデナ
ジェノヴァ
クネオ
ボローニャ
ラヴェンナ
ボスニア・ヘルツェゴビナ
フランス
サンマリノ
フィレンツェ
リヴォルノ
4日目
リグリア海
バスティア
カルビ
コルテ
コルシカ島
アジャクシオ
イタリア
アドリア海
2日目
ヴァチカン
ローマ
3日目
サルテーヌ
ポルトヴェッキオ
ボニファシオ
テンピオ・パウサニア
ラマッダレナ
カゼルタ
ベネヴェント
バーリ
ポルトトーレヌ
オルビア
ナポリ
ヴェスヴィオ火山
ポンペイ
ポテンツァ
サッサリ
アルゲロ
ボーサ
ヌオーロ
レッチェ
サルデーニャ島
アルバタックス
オリスターノ
1日目
3月24日、千歳⇨関空⇨フランクフルトより
イグレシアス
カルボーニア
カリア
メッシーナ
パレルモ
トラパーニ
レッジョ・ディ・カラブリア
アルカモ
シチリア島
マルサーラ
タオルミナ
エンナ
アチレアーレ
カステルベトラーノ
カルタニセッタ
カターニア
ピアッツァ
アグリジェント
アルメリーナ
リカータ
ジェラ
ラグーザ
シラクーザ
ノート
モディカ

プロローグ――じいさま再び――二〇〇〇年二月某日

ロンドン・パリ旅行を終えて、そろそろ二カ月。卒論の仕上げを適当に進めつつ、ロンドン・パリ旅行記を熱心に執筆していた私の元に、じいさまから電話が入った。そのとき交わされた会話は、おおよそ以下の通りである。

「イタリア行くか？」

「行く（即答）」

このたった二言にて、またしてもじいさまを連れて（連れられて？）の海外旅行が決定した。……つくづく旅が好きな二人である。

日程は私の卒業式が終わってから二日後の三月二四日出発で帰国は三月三一日。修士課程への進学が決まっている私にとっては、春休みを利用した卒業旅行のようなものである。もっとも、電話を受けた時点で私の卒論はまだ書き上がっていなかったので、卒業できないという可能性もなきにしもあらず、ではあったが、当然そんなことなど気にしていないじいさま（私もだが）であった。

そして卒業式が終わると私は即座に函館に帰った。例によって新千歳までじいさまを連れていくためである。私の旅行はこの時点から始まった。

ついでに二三日の晩に見た天気予報によると、「今夜から明日にかけて**大荒れ**」とのことであった。まぁ、**いつものこと**である。

「これ、大雪とかで列車止まったりしてね」

こういう軽口も全然洒落にならないというのが我が家の会話である。

▼▼▼三月二四日(金)午前一時　旅立ちのとき

ひとまず、函館駅までは父の車で送ってもらうことにした。

そしてじいさまのスーツケースを車に積み込もうと持ち上げたときのことである。

ずしっっ。

「おおっ?」

重い。半端じゃなく重い。

私のスーツケースよりも遙かに重いぞ。

「何これ?　何でこんなに重いの?」

「ああ～、ビール入ってんだ」

「ビール?　んなもん現地で買えぇぇぇぇ!」

「いいからいいから」

「いいわけあるかぁぁ!」

「……………」

「だいたいこんな重いもん、じいさま持てるの?」

「おまえが持つから大丈夫だ」

「…………………………」

じいさまのスーツケースに入っていたのがビール六本＋日本酒六カップ＋つまみの缶詰四個＋よく分からないおつまみ類＋イタリアのガイドブック四冊＋その他諸々、という膨大にして無駄な荷物の数々であったことは、この旅行中を通して明らかになるのであるが、この時点で私が知るはずもない。

教訓　海外に行くときは荷物は最小限にしましょう。
飲み物は重いので現地で買いましょう。

小雨が降る中函館駅に到着した私とじいさまに、父が声をかける。

「気を付けて行ってこいよ～」

「うん、いくら気を付けてもトラブルは起きるから大丈夫（笑）」

「それもそうだな（笑）」

かくして、旅行はスタートした。

第一話　「ローマに行くにも苦労まかり」

▼▼▼三月二四日(金)午前一時四〇分　函館発急行「はまなす」に乗車

前回もお世話になった急行「はまなす」である。

が、今回はまなす君は大幅に（かつ無意味に）パワーアップして「ドラえもん海底列車」と化していた。車内にはドラえもんのポスターなぞが吊るされているし、シールなんかもべたべたと貼りまくりである。落ち着かないことこの上ない。

結局眠れなかった私は、この旅行中読もうと思って持ってきた森博嗣氏のミステリ『いまはもうない』を読み始めた。

とりあえず、第一章を読み終えた段階で本を閉じ、私は手帳に各登場人物のアリバイをメモしだした。そう、トリック及び真犯人を解き明かしてやろうとしたのである。これは結構いい暇つぶしになった。私の灰色の脳細胞はフル回転した。

カラカラカラカラカラ

空回りしているだけだった……。

そして、朝の五時半過ぎ、今回はトンネルが落ちることもなく、無事に南千歳に到着できた。まずは第一関門突破、といったところである。

が、南千歳に到着して、すぐに新千歳空港に行けるかというと、そうはいかないのである。なにせ、まだ朝の五時半である。新千歳空港行きの「エアポート」の始発を待つためあと一時間程度待たなくてはならないのだ。

そんなわけで、暇な時間が出来た私は、ベンチに座ってぼけーっとさっきのミステリーの謎解きを考え続けていた。

カラカラカラカラカラ

快調に空回りしている……。

▼▼▼午前六時四五分　南千歳発「快速エアポート」の始発に乗車

時間になったので列車に乗り込み、新千歳空港へ。

七時が集合時間なのでちょうどぎりぎりに到着。これにて第二関門突破。

ふむ、今回は何事もなく順調に着いたようだ。珍しい……。

こうして、今回の旅行に参加するメンバーが勢揃いした。参加人数は前回よりも少なく、二五人。添乗員はJ野M千代さんという背の高い女性。当然、おじさんとおばさんだらけである。

が、一応二十代後半の若い女性も一人。ところが、さらに二十歳くらいの若い男性と一緒であった。どうやら姉弟のようである。今回もじいさまは最年長、私は残念ながら二番目に若いようだ。

ともかくこれから八日間、苦難……いや、楽しい旅行をともにする仲間である。どうぞよろしく！

▼▼▼午前七時五〇分　関西国際空港行き、離陸せず

飛行機が離陸しようと滑走路に移動したそのときである。事件は起きた。

なんでも、機長のアナウンスによると、「機体のエンジンの排気のバルブに不調が見つかったため再度点検作業を行う」とのこと、要するにもう一度ピットインである。さらには、もし修理できないトラブルであれば、この飛行機にて関空（関西国際空港）まで行くのは不可能となる。関空に行けなければ当然イタリアにも行けない。のっけから大ピンチである。

だいたいここまでが順調に来すぎたのだ、やっぱり落とし穴が待っていたというわけである。だが、私もじいさまも全く慌てなかった。慣れというものは恐ろしい。

「人事を尽くして天命を待つ」

「慌てない慌てない、一休み一休み」

ここで我々が慌てたところで飛行機が直るわけもない。騒ぐだけ損である。

「いや〜、やっぱりトラブルがあったねぇ」

「ほんとだなぁ」

「これで関空まで行けないなんて状況になったらおもしろいけどね」

「そうだなぁ」

私とじいさまの間ではこんな会話が交わされていた。

もう一度言う。慣れというものは恐ろしいのである。

離陸を待つ間に機内で見たニュースによると全国で暴風雨とのこと。これは離陸が楽しみである。

……離陸できればの話だが。

ところが、なんだかんだ言って修理が無事終わったらしく、飛行機は思ったよりも揺れずに離陸、定刻よりも一五分ほど遅れて関西国際空港に到着した。

到着後、とりあえず二万円をイタリアの通貨であるリラに替えた。すると三〇万リラになった。だいたい一万リラで六六〇円くらいのレートである。ついでに本屋に行って本を一冊購入した。旅の間、結構暇な時間が多いので、読む本は多いほうがいい。ロンドン・パリ旅行での私の教訓である。

▼▼▼じいさま、またしても……

待合所でフランクフルト行きの便の搭乗手続きを待っていたときのことである。

「おい、便所どこだ」

と、聞いてきたのはご存じうちのじいさまである。

「ん～、あっちのほう」

「あいよ〜」

「くれぐれも、遅れたり、迷子になったりしないようにね」

「おう、何度も言わなくても大丈夫だぜ、我が孫よ。俺様を誰だと思っていやがる、おまえのじいさまだぞ」

などと言うはずもなく、じいさまはトイレへと消えていった。

一〇分後…。

すでに搭乗手続きも滞りなくすすみ、待合室に誰もいなくなりかけたときである。やっと、じいさまがトイレから帰ってきた。

「やれやれ、まぁ、遅れなかっただけよしとするか……」

そうして、我々は限りなく最後尾で飛行機へと乗り込んだのである。

▼▼▼フランクフルト行き機中

フランクフルトまではおよそ一二時間のフライトである。

前回はここで『マトリックス』やら『ムッソリーニとお茶を』やらの映画なんかを見つつ過ごしていたのだが、今回は私の見たいと思うような映画は上映しないようだ。

仕方がないので森博嗣氏の『いまはもうない』を再開させる。なかなかに分厚い本なので結構長持ちするのがありがたい。さらには新しい情報が入るたび本を閉じ、トリック、真犯人について灰色の脳細胞をフル稼働させるのである。

カラカラカラカラ

いい感じで空回りしている。素晴らしい暇つぶしである。

そうして夕食の機内食など挟みつつ、読み終えた頃にはすでに三時間ほどが経過していた。素晴らしくおもしろい本であった。さすが森先生。ちなみに私の考えた犯行のトリック及び真犯人に関しては全然外れていたことを明記しておく……。

さて、読み終えてしばらくすると、機内の照明が落とされた。これから映画の上映が始まるようだ。が、私の見たいようなものではなかったので、寝ることにする。

幸い疲れていたのか、あっさりと眠りにつくことが出来た。MDウォークマンにて聴いていた椎名林檎のおかげであろう（？）。

そして離陸からおよそ九時間が経過。映画の上映（二本立て）も終わり、再び機内が明るくなった。これから朝食が配られるようだ。

朝食後、こんどは関空の本屋で購入した田中芳樹氏の『巴里・妖都変　薬師寺涼子の怪奇事件簿』を読み始めた。こうやって書くと、なんか読んでばかりいたように思われるかもしれないが、実際のところ読んでばかりいたのである。

あっさりと読破。ちょうど去年、我々が行っていたのと同じ時期のパリ（第一部参照）が作中の舞台であったため、なかなかおもしろかった。このシリーズは田中芳樹作品の中でも結構お気に入りである。

読み終えてしばらくして、ようやくフランクフルトへ到着である。日本時間だと翌二五日の午前〇時三〇分。フランクフルトは前日二四日の夕方四時三〇分である。どうやら予定より三〇分ほど早く到着したようである。乗り継ぐ予定のローマ行きまでは、しばらく時間がある。そこで五時三〇分までフリータイムとなった。

▼▼▼フランクフルトでふらふら

そこで、じいさまをベンチに残し、私は空港中を歩き回ることにした。前回のロンドン行きのときは疲れていて何もできなかったので、その分のリベンジである。

ところで例によってここではマルクしか使えないため（正確には円も使えるのだが、お釣りがマルクで戻ってくるので面倒くさい）私は無一文である。

そこで、ウィンドウショッピングとなったのは自明の理。いろいろなお店を見て回り、特に本屋では現地ドイツのＦ１《エフワン》雑誌をじっくりと立ち読み。

（ちなみに私はドイツ語が読めるわけではない。写真だけ楽しんでいる）

さすがご当地だけあってシューマッハ兄弟やニック・ハイドフェルドらが大きく取り上げられていた。

集合時間五時三〇分。

きっちり時間通りに集合場所に戻ってみると、添乗員さんから悲しいお知らせがあった。どうやらローマ行きの飛行機がストのため遅れているようなのである。で、さらに七時までフリーとなったのである。ストライキに出くわすとは、やっぱり運がない。

まぁ、**いつものこと**である。

さすがに空港中を歩き回ったため、私もだいぶお疲れモードだった。もう一度ウィンドウショッピングをする気力もなくなっていた私は、すかさずバッグから森博嗣氏の『数奇にして模型』を取り出した。そう、今回の旅行は飛行機のみならず、バスでの移動も多いようなので、暇つぶし用に森博嗣氏の本を三冊持ってきていたのだ。

そうして、七時まで私は読書で時間をつぶしたのである。たとえ海外旅行だろうとなんだろうと、暇さえあれば本を読むのが活字中毒というものである。

▼▼▼現地時間三月二四日(金)午後八時三〇分　ローマ行き離陸

散々遅れた挙げ句、機内は寒い。そして機内食は冷たく、まずい。特筆すべきはニンジン。ちょうどフライドポテトのように縦長に切ってあり、一口かじってみると、

ガリっ……、

生でやんの。

もう最低である。しかも、これが一応本日の夕食なのである。まったくひどい話である。

さらに機体が揺れる。前回のロンドン行きといい勝負である。

かくして、寒い、不味い、揺れると三重苦のフライトであった。当然私は読書に没頭することで、これらの外部の刺激をシャットダウンし、やり過ごしたのである。

ローマに着いたのは午後一〇時過ぎであった。疲労と睡眠不足、さらには夕食があんな

のだったショックによりふらふらになりながらもバスにてホテルまで。そのホテル、「パルコ・ティレノ・レジデンス（PARCO TIRRENO RESIDENCE）」だがなんと、意外や意外、部屋がめちゃめちゃ広かったのである。寝室、ロッカールーム、ダイニング、キッチン。……単に昔マンションとして建てられたものをホテルに改装したのだろうと推測される。

何にせよ、疲れ切っていたじいさまは即座に就寝。

私もニュースなど見て（Ｆ１のニュースをやっていたので）その後、ぱたっと倒れるように眠りについたのである。

第二話「ローマの終日」（前編）

▼▼▼三月二五日(土)　ローマ観光一日目

起床時間は午前七時。起きてすぐに私はベランダに出てみた。ローマの朝。小鳥などが鳴いていて、まるで映画のような実に気持ちのいい目覚めである。……雨さえ降っていなければ（！）。

朝からテレビではF1のニュースをやっていた。

今日は土曜日。そして明日の日曜日はF1ブラジルGP《グランプリ》が開催されるのだ。日本と違って、ここイタリアはF1の盛んなお国柄。なにせ、フェラーリの地元なのだ。そんなわけで、スポーツニュースにおけるF1の占有率は、なんとサッカーのセリエA以上であった。

八時頃からホテル〇《ゼロ》階（日本でいう一階）にてバイキング形式の朝食。といっても、パンとコーンフレークと、飲み物だけのバイキングである。そしてそのパンだが、なかなかに美味しい。これはイギリスやフランスでもそうだったが、やはり主食だけあって品質は高いようだ。さらに、ここのバターは日本の一般的なものと違い、よりミルクに近い、クリーミーなものであった。これも十分に美味しい。

ただ、難を言えばオレンジジュースがやたらと甘かったことくらいであろうか。おそらく大量に砂糖が投入されているものと推察される。

そうして私が朝食をいただいていると、じいさまはコーヒーを持ってきた。

が、何やら物足りなさげな顔で一言。

「砂糖ないなぁ」

「さぁ、その辺になかった？」

「……」

なかったらしい。

仕方がないので私が探しに行こうとしたそのとき、じいさまは近くにいたウェイトレス（当然外人）を呼び止めた。　？？　何をする気だ？

すると、持ってきたコーヒーを指さしつつ、

「砂糖どこにあんの？」

「Si」（通じたらしい）

ウェイトレスのお姉ちゃんは、ちゃんと砂糖を持ってきてくれた。

「ありがとう」

お礼まで日本語である。

さすがじいさま、「ミツコ～シ？」の一言で、道を聞き出しただけのことはある。年季が違う。この人は世界中どこに行っても日本語だけで旅行が出来てしまうのである。

ともかく、そんなこともあったが朝食を終了し、八時四五分に我々はバスに乗り、ロー

マ観光に出発した。

例によって現地のガイドさんが付くようで、宮下さんというおばさんがバスに乗り込んできた。さらにはイタリア人のガイドさんも付いてきた。これはイタリア人が職業難にならないようにとの現地政府のお決まりなのだそうだ。例え相手が日本人であっても現地人ガイドさんが付いてくるのである。ちなみにお名前はマリオさん。枕詞におもわず「スーパー」と付けたくなるお名前である。

バスの運転手さんはマッシミリアーノさん、通称「マックス」さんである。なんと、今回のイタリア滞在中は最終日のミラノまでずーっとこの運転手さんのバスを使うことになる。これはなかなか珍しいことなんだそうだ。

そうして、我々の乗ったバスは第一目的地であるバチカン市国へと到着した。これからまず、バチカン美術館へと入るようだ。ところが、バスに乗っていたときには止んでいたのに、再び雨が落ちてきた。幸い、折り畳み傘を持ってきていたので安心である。が、初日から雨とはツイていない。さすがである。

さて、そのバチカン美術館であるが、すでに観光客による長蛇の列が出来ていた。実際に中に入るまで三〇分ほどを要したのである。さすがはバチカン、訪れる人の数は半端じゃない。ところが美術館に入ったはいいが、嬉しいことに（？）美術品をじっくり見るような時間はなく、ほとんど素通りで次の目的地システィーナ礼拝堂へと向かった。

ではなぜわざわざ美術館に入ったかというと、全部建物が続いているからである。

そして、システィーナ礼拝堂へと向かう通路で私は度肝を抜かれた。長さ一〇〇m以上に渡ってずーっと天井画が描かれているのである。

これはすごい。よく飽きもせず描いたものだ（←感心する場所が違う）。

さらにシスティーナ礼拝堂にはミケランジェロの天井画『最後の審判』が描かれており、ものすごい人でごった返していた。人混みは苦手である。

さらにひどいことに「はい、ここで二〇分ほどお時間をとります。自由に見て回ってください」とのお達し。

むー、結構です。もうお腹一杯。早く出ましょう。

そんなわけで速攻で集合場所に行った私は、そこで添乗員さんと呑気にお喋りなどしていたのである。

バチカンにて

そうして集合時間となったが、四人ほど足りない。どうやら間違って出口から出て行ってしまったようで、一般的な言い方をするならば、いわゆるひとつの「迷子」である。この人込みの中では、見つけだすのはかなり難儀しそうである。

とはいえ、放っておけないのが添乗員さんの辛いところ。我々はガイドさんと先に行き、添乗員さんはしばらくいなくなった四人を探し回るということになった。

次に行くのはサンピエトロ大聖堂である。

これまた建物続きなので歩いてすぐ到着したが、これまたものすごい人で埋め尽くされている。何せ今年は二〇〇〇年。キリストさんの生誕二〇〇〇周年ということで「大聖年」とかいう年らしい。そんなわけで、世界中から巡礼者がやってくるのである。その結果がこのものすごい人の波というわけだ。

ほとほとうんざりである。

いや、ここで、なんて罰当たりな奴と思われるかも知れない。だが、全然さっぱりちっとも興味のない場所に連れてこられた上、そこが人でごった返していたら、誰だって嫌になるはずだ。

一例をば、

「F1なんてちっとも分かんない、ただ車がぐるぐる回っているのを見て何がおもしろいの?」という人を、一五万人の大観衆で埋め尽くされた鈴鹿サーキットに連れていったようなものである。おそらくはうんざりすることだろう。それと似たようなものだと思って

バチカンの巡礼者の列

くれい。

要するに何かを楽しもうと思ったら、それについてそれなりに深い知識があった方がよいということなのだ。だからバチカン市国についてなんにも知らない私が楽しめようはずがないではないか、と、まぁそういう結論に達したわけだ（笑）。

とはいえ、大聖堂内ではちょうど朝のミサが行われているようで、賛美歌などがかかり、なかなかに荘厳な雰囲気を醸し出している。これはこれで結構よいものである。

……こんなに人がいなければの話だが。

▼▼▼迷子、続出

そうしてなんだかんだとバチカン観光も終わったかに見えたときである。

「うちの旦那がいない」

と、我々のツアーのおばさん。どうやらまた一人迷子になったようだ。全く災難続きである。というか、集合場所くらいちゃんと聞いておいてほしいものだ。ロンドンのナショナルギャラリーでのじいさまを見習うといい。集合場所に（一時間前に）ちゃんと行ったし、誰もいなければ三越に先回りするんだぞ（？）。

ま、それは冗談としても、さすがに置いて行くわけにもいかず、かといって添乗員さんも四人組を探しに行っているため我々は一五分ほど待機し、いなくなったおじさんを探していたのである。

で、その際私は何をしていたかというと、ガイドのマリオさんとF1談義（笑）。なにせ、私の着ているジャンパーのロゴを見て、「おっ、フェラーリのジャンパー着てるのか」と、あっさり見抜いたのである。さすが、イタリア。一般市民にまでF1（特にフェラーリ）は浸透しているようだ。

英語力がないので彼の言ったことを誤って認識したかも知れないが、このマリオさんF1も好きだがむしろ市販車の方に興味があるそうで、そのなかでもフェラーリが特に大好きなんだそうだ。全くうらやましいお国柄である。日本でも、もっとモータースポーツがメジャーになってほしいものである。だいたいホンダやトヨタなどの世界的な超一流メーカーのお国なんだからさ。

……またしても話がそれてしまったぞ。

結局のところ、無事旦那さんは見つかったものの、多少スケジュールも押してしまっていた。早く昼食を食べに行こう。……が、

「はい、皆さんお腹もすいたことと思いますが、レストランに行く前にちょっと買い物のお時間をとります」

……がっかり。

ところが、放り込まれた近くの土産物屋で我々は迷子になっていた四人＋添乗員さんと無事再会を果たしたのである。これで一安心である。

考えてみればこれはイタリアに来て最初のお買い物タイムである。早速恒例の儀式（？）を行った。

「じいさま、なんか買いたいものある？」

「ない」

終わった。

てなわけで、そのお店では特に何も買わず、私とじいさまはとっとと店の外に出て近くのベンチで休んでいたのである。

そうして買い物時間も終わり、徒歩にてバスまで戻りそれから昼食である。

途中、サンタンジェロ城やテベレ川に架かる橋などを眺めつつ、私は添乗員さんと旅行中仲良くなったK保夫妻の四人で、ある話をしていた。人数確認作業の効率化＋迷子の防止方法についてである。なにしろ二五人を添乗員さんがいちいち数えてから移動するので

ある。これはロスが多い。

そこで私は提案した。
一　全員に番号を振り、点呼をとる。
二　全員に番号カード（例えばトランプ）を渡し点呼のときに集める。
三　全員を四ないしは五班に分け、班ごとに点呼をとる。
結果、添乗員さんは三番を選択し、昼食後から実施することにしたのである。

そして昼食。テーブルは六人掛けで今回はシスティーナ礼拝堂にて迷子になった四人組（奥様同士が姉妹という二組のご夫婦）と同席となった。

前菜はご存じイタリア名物パスタ。メインは白身魚（じいさま大喜び）、デザートにケーキ。じいさまも「ここのはうまい」と満足げである。

昼食後のバスの中で添乗員さんから班分けの件が伝えられた。全四班で、今回の昼食のときのテーブルごとに班分けするとのことである。

ということで、我々は二班。迷子になった四人組＋私とじいさまの六人グループ。メンバーに関していささか……かなり不安なのは私だけだろうか。

また、班長を決めるとのこと。当然のことながら添乗員さんは、

「では、班長をお願いしますね」

「安んじてお任せあれ」

というわけで、私が二班の班長に決定した。

まぁ、元々こういう役職は慣れたものである（↑中学時代生徒会長）。さらには迷子騒ぎで懲りたのか四人組（K藤夫妻＋M山夫妻）はこの先、一度も集合時間に遅れるようなこともなく、非常に協力的で大変助かったものである。

そんなこんなでバスは次の目的地であるトレビの泉へと到着した。といっても少々歩く。トレビの泉といえば、ローマでも最も有名な噴水である。おそらくは日本でも結構知名度が高いと思われるローマ屈指の観光名所。決して落とせない重要なポイントだ。

ところがそこに行く途中、私の目に真っ赤なフェラーリの旗が飛び込んできた。見るとフェラーリグッズを置いてある店のようだ。……行きたい。見たい。買いたい。

すでにトレビの泉なんぞはどうでもよくなってしまった。とはいえ一応は行かねばなるまい。団体行動を乱してはいけないぞ。私は鉄の意志で我慢をした。

あとで自由時間の時にでも来るとしよう（↑我慢してない）。

ところが肝心の自由時間はたった一〇分程度。そこで最初の五分でトレビの泉にコインを投げに行くことにした。ちなみに一度投げたらローマに戻れる、二度投げたら愛が叶う、三度投げたら離婚が成立する（？）とのことである。

まずはじいさま。

「長生きできますように」

ひょい……ポチャン。これは絶対にお賽銭と勘違いをしている、けどまぁいいか。

続いて私。

「…………………」

ひょい……ポチャン、ひょい……ポチャン。願掛け終了。

さ、さっきのお店に行くとしよう。私はダッシュで道を駆け戻った。

今度こそイタリアに来て最初のお買い物タイムである。ところが、私はそのお店で取り返しのつかない大失敗をしてしまったのである。それは一体？


後半へ続く。

第三話「ローマの終日（後編）（ひねもすと読まないで下さい。元ネタが分からなくなります）」

▼▼▼ローマ最初のお買い物で大失敗

そうしてそのお店。入ってみると意外にフェラーリグッズの品揃えは悪い。見かけ倒しである。ところが店内にはでかでかとセリエAの中田選手のユニフォームが飾ってあった。そうなのだ。この時期はちょうど中田選手がセリエAで活躍し始めた頃で、日本でも連日話題になっていたのである。

そう言えばうちの弟から中田のユニフォームをお土産に頼まれていた気がする。せっかくだから購入することにした。ローマにて初めてのお買い物である。

集合時間まで二分少々。すでに時間がない。店員さんが声をかけてきた。

「May I help you?（いらっしゃいませ）」

以後日本語訳を掲載。

「うん、お願い。中田のユニフォームが欲しいんだけど」

「かしこまりました。**オフィシャル**ユニフォームですね？」

「そう、**オフィシャル**ユニフォームっ」

「こちらになります」

「いくら？」

「一七万九〇〇〇リラです」

「じゅうななまん？　たかい。まけて」

「では一六万五〇〇〇でいかがでしょうか」

「……ええと（必死に日本円でいくらか計算中）」

一万リラで六六〇円だから六六〇×一六万五〇〇〇÷一万は……

「……まいっか（時間がないので結局計算しなかった）、じゃあちょうだい」

「ありがとうございます」

かくして中田のユニフォームを抱えて、またしてもダッシュで集合場所に戻ったのである。そしてゆっくり計算し直してみる。

……**一万八九〇〇円ナリ**。

しまったぁ〜めちゃめちゃ高いやんけ。

痛恨の一撃。

これは大失敗。だいたい何で弟への土産なんぞにこんな大金を使わなければならんのだ。我ながら迂闊であった。何せ、一気に所持金が半減したのである。

さらに腹の立つことにそのユニフォーム、よくよく見ると値札のところが黒く塗りつぶしてある。　？？　じっくり見てみると「112,000」と書いてある。

そう、本来は十一万二〇〇〇リラ（七〇〇〇円ちょい）だったのだ。見事なぼったくりである。もう悔やんでも悔やみきれない。これを教訓に今後イタリアへ行く方は気を付けてもらいたい。私からのささやかな警告である……。


教訓　買い物はゆっくり時間をかけて。

必ず電卓を携帯し、リラを日本円になおしてみましょう。

ぼったくりに気を付けましょう。


集合場所にはすでに皆さんお集まりだった。さて、我々二班の皆さんは……、

「はい、班長さん。二班全員そろってます」

と、K藤さん。全く協力的な班員に恵まれたものである。

というわけで添乗員さんに「二班全員いまーす」(←班長の仕事)

「一班OK、二班OK、三班OK、四班OK。はい皆さんいらっしゃいますね」

早速、この班体制はうまく機能しているようであった。そして徒歩でバスの待つベネチア広場へと到着した。

▼▼▼バスはどこ?

が、そこにバスの姿がない。マックス氏どうしたんだろうか?

心配げな我々の元に彼から連絡が入った。なんでも我々を待っていたらポリスに追っ払

われたそうで、これからまた一回りしてそっちに向かうとのこと。

聞けばローマという街はバスでの進入が結構厳しく制限されているようで、運ちゃんもなかなか大変なのだそうだ。

結局また時間が出来たので、我々はそこで近くにあった遺跡の発掘現場を見たり、広場の正面にそびえる「ビットリオ・エマヌエレ二世記念堂（長い名前だ）」の写真を撮ったりして時間をつぶしていたのである。

そうしてようやく到着したバスに乗って、今度はコロッセオへと向かった。これまた超有名な観光地である。古代ローマの円形闘技場。実物は結構大きく、一回りしていたら集合時間に遅れそうになったほどである。

それ以外で目に付いたのは、古代ローマの剣闘士のコスプレ（？）をしたおっさんが結構いたことぐらいであろうか。何かというと、単に観光客相手の記念写真屋さんである。が、むさいおっさんと写真を撮っても嬉しくも何ともないので無視。ぷらぷら一回りして時間をつぶしたのである。

これにてこの日のローマ観光はおしまい。ホテルへと帰還となった。

▼▼▼ホテルではF1観戦

さて、ホテルに着いた私は早速フロントで聞いてみた。

「すみません、テレビでＦ１の予選見たいんで、番組表とかあればください」

すると、フロントの兄ちゃんも私のジャンパーに気が付いたようでいきなり態度が軟化。親しげに私の肩をたたいて一言。

「そこの売店に行って新聞買ったら?」

行ってみた。

そこではいかにも売店のおばちゃんなおばちゃん(変な表現だが)が鎮座ましましていた。

同じことを聞く。すると、おばちゃんわざわざ新聞を広げて調べてくれた。非常にありがたい。何しろ私はイタリア語で書かれた新聞なんぞ読めるはずがない。

……が、「ないねぇ」との無情のお言葉。

そんな馬鹿な。イタリアだぞ。F1の予選をテレビ放映しないはずがないだろう。

そうは思ったがどうも本当にないらしい。するとおばちゃん、

「あんた明日もここにいるの?」(英語)

「ええ、そうですけど」

「だったら明日の朝ここにおいで。決勝の放映時間なら調べておいてあげるから」

「ぐらっちぇ~!」

感謝感激雨アラレ。なんともありがたい話である。これもフェラーリファンの心の絆がなせるわざであろうか。おばちゃんへの感謝の意味を込め売店でキットカット(チョコレート菓子)なぞを買い、さて部屋に帰ろうとしたときである。私の目にどっかで見たよう

なものが飛び込んできた。

そう、中田のユニフォームが、その他のセリエAのチームのユニフォームとともにハンガーで吊され並んでいたのである。むー、泊まったホテルの売店にあるとは、うかつ。最初からここで買えばよかったなぁ。そう思って値札を見てみたところ、

「30,000」

さ、三万??

めっちゃ安いやんけ。

うがぁぁぁ。一六万五〇〇〇リラ返せぇぇぇぇぇ！

もう遅い。

こんなに安いって事はたぶんこれはニセモノだろう………。そう勝手に決めつけて自分を慰めるほかなかった。

これが私の心と懐に深い傷を残した大ショックである。イタリアなんて大嫌いだぁ〜。

がっくりと肩を落として部屋に戻った私は、ひとまずテレビをつけてみた。

と、**予選やってるし**。しかも時差を計算するとどうも生放送のようだ。

素晴らしい。ブラボーイタリア（←あっさり立ち直った）。

ではなんで新聞のテレビ欄に載っていなかったかというとこれ、スポーツニュース中の一枠だったのである。スポーツニュースの合間にまるまる一時間F1の予選を放映していたわけである。うらやましいぞイタリア。

ともかく、夕食までの時間を私はこうしてイタリア語の実況のF1予選観戦に費やしたのである。ちなみに解説をしていたのは昔フェラーリドライバーだったイタリア人、イワン・カペリ氏であった。めちゃめちゃ懐かしい。……でも最近のF1ファンなら知らない人の方が多いか。

そして予選終了後チャンネルを切り替えていると、私の目にこれまた非常に懐かしいものが飛び込んできた。

「**忍者ハットリ君**」である。

なんとびっくり。こんなものがイタリアで放映されていたのである。当然全ての台詞はイタリア語に吹き替えられていたのであるが、かの有名なハットリ君の決めゼリフ（？）である「ニンニン」だけはそのままだったのでござる、ニンニン。

閑話休題。

そして夕食。

今回の同席者はM浦夫妻。非常に気さくなご夫婦で、なんだかんだとこの旅行中一番食事をご一緒することが多かった方々である。特に旦那さんは、

「いや〜、孫と旅行なんて、こんな幸せなことないなぁ。うん、うらやましい。うん、いや、幸せだわ、うん」

と、しきりにじいさまをヨイショするのである。じいさまもこれにはなかなかご機嫌であった。

さて、肝心の夕食だがまずはおなじみ（というか早くも飽きてきた）パスタ。メインはローストビーフだったが非常に堅かった。食べるのに難儀である。さらにデザートにはアイスクリームです、との添乗員さんの案内があったが、出てきたのは市販のカップアイス。……よ、予想外だ。いいのか、ホテルでの食事がこんなので。何か間違っていないか？

まぁ、形にこだわらないのはさすがイタリア（褒めてない）。

ともかく食事を終えて部屋に戻った私は再びテレビをつけた。と……、

「**北斗の拳**」。……日本のアニメの世界進出おそるべし。

ともかく、北斗の拳を見終わったあと、すぐに私は寝ることにした。さすがに疲れた……。

夜中……。雨だけならまだしも、雷が鳴っていたそうである。

第四話　「ナポリを見て泣けっ、叫べっ、そして死ねぇぇぇ!!」

▼▼▼三月二六日(日)午前五時(!)　モーニングコールには早すぎる

突然けたたましい電話の音に我々はたたき起こされた。どうやらモーニングコールの電話のようだ。が、時計を見るとなんとまだ朝の五時ではないか。

昨日の添乗員さんの連絡によると、今日は朝六時にモーニングコール。六時半より朝食、出発は七時一五分とのことであった。にもかかわらず、この五時にたたき起こされるとは……。まったく、イタリアのホテルはモーニングコールすらまともにできんのか（怒）。

私は布団をかぶりなおした。六時まで寝直すとしよう。

ところが、じいさまはというと、のそのそと起き出した。さすが、老人の朝は早い。

一時間後、持参した目覚まし時計が電子音を響かせる。どうやら六時のようだ。起き出してシャワーを浴び、身支度を整える。

風呂上がりにテレビをつけると、なんとびっくり今度は「**巨人の星**」をやっていた。

……、これイタリア人が見ておもしろいのだろうか？

と、再び電話が鳴りだした。？？　モーニングコールのやり直しだろうか。

ともかく出てみる。電話をかけてきたのは添乗員さんであった。

「おはようございます。あの、申し訳ありませんが、今朝の出発時間を六時四五分にしてほしいのですが」

「は？　そりゃまたどういうこっちゃ？」

「実は今日からイタリアではサマータイムなんです」

「さまーたいむ⁇」

「はい、今日から**時計を一時間進めるんです**」

！　理解した。つまり現在六時二〇分だと思っていたが実は七時二〇分なのだ。もう約束の出発時間を過ぎているのである。

そういうわけで添乗員さんからの電話を終えると私は慌ててじいさまをせかした。出発まであと二五分。その間に朝食を食べて部屋に散乱した荷物を片づける必要がある。

「急げじいさま、飯食いに行くぞ」

「あいよ～」

七時二五分　朝食会場にて
あたふたあたふた……。
慌てて朝食をかき込む。

七時四〇分　部屋にて

あたふたあたふた……。

慌てて荷物を片づける。


七時四四分（集合時間一分前）ホテルの売店にて
「ボンジョルノ、おばちゃん、F1何時から⁇」

「あら～、ちょっと早かったね。まだ新聞来てないんだわ」

がっかり。

「ところで、あんたどのチームに勝ってほしいの？」

ふっ、そいつは愚問ってもんだぜ、おばちゃんよ。

「もちろんフェラーリに決まってるじゃないかぁ（笑）」

「あははは、いや～、あたしもそうだよ（笑）」

和気あいあい。

「じゃ、そろそろ行ってくるわ。チャオ、おばちゃん」

「いってらっしゃーい」

▼▼▼バス車中の添乗員さん、この事態に一言
「はい、おはようございます皆さん。今日はわたくし、サマータイムのことを**すっかり忘れておりまして、**大変ご迷惑をおかけいたしました」

なかなかお茶目な添乗員さんである。

さて、気を取り直して本日の行き先であるが、かの有名なポンペイという街……というか、街の遺跡である。一九〇〇年前にベスビオ火山の噴火によって一瞬で死の街となり、火山灰に埋もれてしまったという場所である。

バスでの道中またしても雨が落ちてきた。まったくどうしてこう雨ばっかり降るかなぁ、誰だ、雨を呼んでる奴は（←おまえだ）。

するとガイドの宮下さん、

「**皆さんもタイミングが悪いですねぇ。イタリアはここ三カ月間ほとんど雨が降らなくて**干ばつの危機だったんですよ。それなのに皆さんが来てからずっとお天気悪いんですからねぇ」

はい？

つまりこれは、我が輩がイタリアに三**カ月ぶりの雨をもたらした**ということか？

わたしゃそこまでお天気の神様と相性が悪いのか……。なかなかにショッキングな事実である。

二時間ほどバスに揺られてポンペイ到着。

幸い雨はあがったようだ。まぁ、バスにいるときに降っている分まだましである。考えてみれば昨日だって、肝心の市内観光の際には雨は落ちてこなかったし。ああ、なんだ、そんなに悲観したものではないじゃないか。

▼▼▼火山に埋もれた街

私は気を取り直してポンペイからの景色を眺めた。確かに近くにベスビオ火山があり、これが噴火したらひとたまりもないなぁと感慨を抱かせる場所である。

そのポンペイ観光は、徒歩にて遺跡をぐるっと一回りというものであった。一時間半の散歩である。大通りや神殿、パン屋や飲食店などの跡が残っていてなかなか興味深い場所である。これだけ栄えていた街が一瞬のうちに消えてなくなったのだから、**火山というのはほんと恐ろしいものである。**

もちろん、この段階で私は、帰国後にあんなことになっていようとは知る由もない（伏線である。覚えておくように）。

じいさまは、大昔に見たという映画

ポンペイにて

『ポンペイ最後の日』の話などしつつ歩き回っていた。じいさまなりに感慨深いものがあったようだ。

そうして、観光も滞りなく終了し、昼食会場のレストランへ。

前菜は魚介類をふんだんに使った海鮮サラダ。パスタはご当地ナポリ名物ナポリタンスパゲッティー。メインはイカフライ&えび。

美味！　やっぱ、イタリアの食事はどこも美味しい。イギリスとはえらい違いである。と、デザートまで出てきた。が、見てびっくり。オレンジまるまる一個。食べるのに難儀したのはいうまでもない。しかも、ここのオレンジは皮の厚さが半端じゃない。じいさまの面の皮といい勝負である。

そうして昼食も終了し、いざナポリへ！

……と思ったら、なんでもカメオ（イタリアの名産品である貝殻細工）の専門店に行くとのこと。こういう妙な買い物時間が入っているのが格安ツアー旅行の悲しいところである。まぁ、仕方がない。お店に入るとまずは職人さんのデモンストレーション。続いてカメオ売場へとご案内。

んで、私はどうしていたかというと、そんなもんに全然興味がないので、とっとと店の外に出てぷらぷらとその辺を散策。途中見かけた猫と戯れていたのである。だが、いつものような意志の疎通が出来ない。

「ねこー、ねこねこー」

……ぷいっ。

「あう〜」

どうも逃げられてしまう。

後から考えれば当然のことである。なぜなら、イタリアの猫に日本語で話しかけていたからだ。**イタリア語で**呼びかければよかったのである。

……そういうことにしておいてくれ。

そんなこんなで、やたらと長い買い物時間も終わったようだ。いざナポリへ。

▼▼▼ナポリを見て……

さて、そのナポリであるが「**ナポリを見て死ね**」と言われるほどの超有名観光地。風光明媚な港町なのである。これまたイタリアに来たからには絶対に落とせない**超重要観光目的地**である。が、滞在時間たったの五分。ちょっと写真タイムをとって終わりである。

これでは死んでも死にきれないぞ。

だいたいナポリを見に来たのかカメオを買いに来たのか分からない。

とはいえ、帰る途中のバスの車窓から見たナポリの風景（特に丘から見下ろしたナポリ）は素晴らしい眺めであった。

……もちろん泣いたり叫んだり、ましてや死ぬほどすごいわけではない。

そうしてまた再び二時間もバスに揺られることになるのだ。この段階で森博嗣氏の『数奇にして模型』も読破。残るはあと一冊。……旅行の日程はまだ三分の二を残している。この先どうやって車中で暇をつぶすかが考え物である。まぁ、車窓風景でも眺めているか。

数刻後……。

「ZZZ……」

当然の成り行きである。

▼▼▼午後六時半頃　ホテル到着、F1観戦

早速売店に駆け込む。が、あれ？　おばちゃんがいない。

仕方がないのでまたキットカットを買い、部屋に戻る。

テレビをつけるとちょうどF1本戦が始まるところであった。おばちゃんには悪いが、別に聞かなくてもよかったようである。ブラジルとの時差を計算してみると、やっぱり生放送のようだ。

とりあえず本日のオプショナルツアー「ローマの夜景観光とディナー」の出発が七時半。だいたい三〇分ほどはF1を見ていられそうである。

そして決勝レースはスタートからフェラーリのシューマッハとバリチェロがトップをゆくマクラーレンのハッキネンに襲いかかり、シューマッハは見事ハッキネンをオーバーテイク！

「おぉーっ、やるなぁ。さすがシューマッハ」

シューマッハはどんどん後続を引き離しにかかる。

「う〜ん、フェラーリはマクラーレンよりも燃料が軽いと見た。多分二回ストップ。てことはシューマッハは大体レース距離の三分の一を過ぎる頃にはハッキネンと二〇秒以上の差をつけなければならないわけだから……」

ぶつぶつと一人解説をする私、当然放送はイタリア語なので自分で状況を整理しないとこんがらがってしまうのである。とはいえ、友達から「解説いらず」の異名を頂く私であるから、日本語の実況や解説がなくとも映像だけで十分楽しめる。見ていると今度はバリチェロもハッキネンの後ろにつけた。

「うむ、これでハッキネンを抜けばバリチェロもたいしたものだけど、さてどうなるだろうか」

わくわく。非常に楽しみなバトルである。が……。無情にもここで七時半。果たしてバリチェロはハッキネンを抜いたのか、シューマッハは私の予想通りに二回ストップをこなしたのか、結局見られずじまいである。泣く泣く出発。

▼▼▼レストランでもF1観戦？

バスに揺られて三〇分。目的のレストランへ到着。確かに、小高い丘の上にあり非常に眺めがよい。ローマの夜景を一望できる素敵なレストランである。

が、レストランに入ってびっくり。なんとでかいスクリーンにてF1を放送していたのだ。さすがイタリア。でかしたぞイタリア。

しかし、音声を消しているため実況も聞こえず、肝心の画面の下半分が私の席からは見えなかったため、誰が何位なのかさっぱり把握できない。これでは楽しみが半減する。潔く諦めて食事とおしゃべりに集中することにした。

ここでの同席者はK保夫妻。ちなみに旦那さんは昔ドイツに住んでいたことがあるというとても旅慣れた方で、当然旅行談義に花が咲いた。旦那さん曰く、

「やっぱり旅行はトラブルがないとおもしろくないですね」

その件に関しては全く同感。

「というか、私とじいさまの場合、自然とトラブルが襲ってきますからねぇ」

「はぁ、なるほど。それは楽しいですね」

これにて意気投合♪

そうして、我々はお互いの武勇伝（じいさま三越事件とか）などを語り合い非常に楽しい時を過ごしたのである。

特にそこで印象深かったのは、旦那さんが昔地中海を船で旅行していた際に、上陸したユーゴスラビアだかで置き去りにされたことがあるとのこと（！）。

「えっ？　それでどうしたんですか？」

「さすがに言葉も通じないしねぇ。でも、大騒ぎしていたらそこの港の人が船を出してくれて、乗っていた客船を追っかけてくれたんですよ」

「はぁ〜、そりゃすごい」

「もう、船に戻ったら一躍ヒーローでした（笑）」

……なるほど、さすが上には上がいるものだ。むしろこの旦那さんの旅行記など見てみたいものである。

そうして楽しくお喋りに興じていたら、どうやらF1も終わったようだ。一応結果を知りたかったので、ウェイターを呼び止めて聞いてみた。

「どこ勝ったの？　フェラーリ？」

「そう、一位シューマッハ、二位クルサード、三位フィジケラ」

仕事中なのにしっかり見てやがったな、このウェイター（笑）。

「三位にフィジケラ？　そりゃおめでとう」

「おっ、ありがとさん」

なぜこういう会話をしたかというと、フィジケラはローマ出身。つまり、ここの人にしてみれば地元の英雄なのだ。

そうして食事が終わったあとは表に出てローマ夜景を見物。

「……たいしたことないな」

私の偽らざる感想である。それはなぜか？

なぜなら私は函館出身。世界三大夜景の一つ函館夜景を見て育ってきたのである。それに比べたらローマの夜景はどうしても見劣りするのである（↑なんて贅沢な奴だ）。ついでに言うと、ここよりパリの夜景の方がきれいだと思う。

ちなみに世界三大夜景の残り二つは香港と、さっき行ってきたばかりのナポリである。

むぅ、どうせなら夜に行ってみたかったなぁ。

その後バスにてホテルへ……。と、ここで運転手のマックスさんより、

「まっすぐ帰るんじゃあれだから、ローマを一回りしてから帰るかい？」

という素晴らしい提案が。もちろん大賛成である。

さらにマックスさんはバス車中に素敵な音楽を流してくれた。たぶんリチャード・クレイダーマンのＣＤだと思われる。もう、ムード満点である。

「素敵な音楽ねぇ、こういうＣＤをお土産に買っていくと、聞くたびにローマを思い出せていいかもしれないわねぇ」

と、私の隣に座っていたＭ浦さんの奥さん。

「ああ、それならどっかＣＤ屋があったら探しましょうか？　リチャード・クレイダーマンなら分かりますから」

「あら、それはどうもありがとう」

一つ約束が出来た。

こうして、夜のローマ市内を一回りし、昼間に回ったような有名観光地を巡って写真を撮ったりと、素晴らしく充実した夜になったのである。それにしても朝早くからこんな夜遅くまでずっと運転して疲れているだろうに、マックスさんいい人すぎ！

結局ホテルに着いたのは一一時過ぎであった。昼間の疲れもあり（ついでに朝は五時にたたき起こされているし）部屋に戻った我々は、ぱたっと寝たのである。

第五話「無い袖は振レンツェ」

▼▼▼三月二七日(月)　今日はフィレンツェ観光

午前七時に起床。身支度を整え、またまた同じ朝食を食べる。このホテルも今日で最後である。

出発の用意が出来ると私はフロントへと降りた。ひとまずリラが乏しくなったので両替をせねばならんのだ。一万二千円が二十一万リラになった。

……あれ？　レートを計算してみると一万リラで五七〇円くらいである。どうやら日本で両替するよりも、こっちで両替した方がレートはいいらしい。ついでに言うならここ数日、円が強くなったらしく、旅が後半になるにつれてどんどんリラは安くなったのである。

そして、売店へ。いた、おばちゃんだ。

「おはようおばちゃん。シューマッハ勝ってよかったねぇ」

「おや、レースちゃんと見れたのかい？」

「うんにゃ、スタートと最後の結果だけ。それで、詳しい結果知りたいんで新聞買おうかと思うんだけど、どの新聞がＦ１の記事が一番大きいかな？」

「そうだねぇ、これなんかいいと思うけど」

見てびっくり。一面から五面まで全部Ｆ１でやんの。さすがイタリア。

「じゃ、これちょうだい」

かくしてイタリアの新聞をゲットした。

そして、我々はマックスさんのバスに乗り込んだ。出発時刻は午前八時半、到着はお昼過ぎであるから結構な長距離ドライブとなる。

そんなわけで道中ツアー参加者に自己紹介をしてもらおうとの企画が行われた。

「じいさまとともに参加しております、河島司です。ちなみに孫です。最近はやりの『孫という名の宝物』というやつです（笑）。どうぞよろしく」

確かこんなことを言った気がする（ちょうどこのとき『孫』というタイトルの演歌が売れていたのだ）。

さらに車中にてイタリア民謡カンツォーネのテープなども流され、なかなか楽しいドライブである。

……雨さえ降っていなければ（！）。

まったく、今日もまた雨である。しかもなんだか時間とともにどんどんひどくなっているようである。

むなしく流れるカンツォーネが恨めしい。

「おおぉぉっ、そぉぉぉれぇみぃぃぃぃおぉぉぉ♪♪♪」

▼▼▼正午頃　二回目のトイレ休憩

トイレ休憩のはずだったが、なにやらお土産屋さんに放り込まれたようだ。

まぁ、ひとまずトイレを済ませるとする。そうして、お土産を一通り眺める。ちなみにこのお土産屋さんは日本人スタッフや日本語の出来る店員を揃えているようで、いかにも日本人観光客相手のお店である。さらに、五個買ったら一個サービスなどの売り文句を目にする。なかなか商売上手だ。店員さんもここぞとばかりに日本語でまくし立てている。

とりあえず店内をぷらぷらと見て回る。そうしてサングラス売場で足を止めた。

ふむ……。様々な理由により、とりあえず一個くらい持っておくことにした（裏表紙を見よ）。

さらに見て回っているとじいさま登場。手にはオレンジジュースの紙パックを二個ほど持っている。

「飲みたいの？」

こくこく（無言で首を縦に振るじいさま）。

これも購入決定。ついでにこの店ではメモ帳を購入。

グラサン二万五〇〇〇リラ、メモ帳三〇〇〇リラ×三、オレンジジュース二〇〇〇リラ×二、しめて三万八〇〇〇リラである。

そうして出発時間となり、みんながバスに戻った際にちょっとした事件が起きた。

今回最年少のツアー参加者である「弟くん」が、どうやら五個買ったら一個サービスの商品を買ったのに六個分の代金を取られたらしい。

「じゃあ、お店に戻って清算し直してもらいましょう。他に皆さんで計算が違っていた方はいませんか？」

と添乗員さん。一応計算し直してみる。

「ええと、グラサン一万五〇〇〇（？）＋メモ帳三〇〇〇×三＋ジュース二〇〇〇×二＝二万八〇〇〇」

あれ？（↑バカ）

「何か一万リラ余計に払った気がするんですけど」

「ほんとですか？　お店に戻ります？」

「ええと、ちょっと待ってください。もう一度計算してみます」

今度は電卓を取り出す（↑暗算できない奴）。

「ええと、グラサン二万五〇〇〇＋メモ帳三〇〇〇×三＋ジュース二〇〇〇×二＝三万八〇〇〇」

おや？（↑アホ）

「すいません、あってました」

えらい恥をかいた気がする。

ともかく、弟くんは添乗員さんと一緒に店に戻り、精算し直したのである。

これで、**五分ほど**出発時間が伸びた。

そうして、再びバスは高速道路に戻った。フィレンツェまではあと一時間あまりのドライブである。そこで私は妙なものを見た。道の脇の方が白いのである。なんだろ？　塩でも撒いてるのだろうか？　まぁ、そのときはたいしてそのことの重大さには気付いていなかったのである。

▼▼▼交通事故の現場を目撃

そうして高速に乗って一〇分ほど。突如前方が渋滞しているのが見えた。

？？　そのままのろのろと進んでいくと渋滞の原因が判明した。

なんと、前方で**多重衝突事故**が発生していたのである。徐行しつつ脇を通り抜けると十台以上の車が大破しているのが見えた。結構大きな事故だったらしい。そして、事故の規模の割に到着していたレスキューの数もわず

高速道路で目撃した多重衝突事故

かで、車内に閉じこめられている人もいた。

……まだ事故発生からそれほど時間は経っていないものと思われる。

そう、ちょうど発生から五分ほどであろうか……。

って、**五分？**

そうなのだ。弟くんの買い物のトラブルがなければ我々は五分早く出発し、そうしてこの事故に巻き込まれていた可能性があるのである。全く危ないところであった。まさに、今回の件では弟くんは我々の命の恩人となったのである。

そして、私の当初抱いた疑問、道の脇の白いものそれは、みぞれであった。容易に推測できるが、今回の多重衝突事故は、みぞれによるスリップが原因と思われる。

全くこの悪天候のせいである。だいたい気温がプラスなのに、みぞれなんぞが降っているのである。

ん？

ここでちょっと天気に詳しい人なら分かるだろう。当然付近の上空にはみぞれを降らせるほどに「**非常に強力な積乱雲がある**」。すると当然の成り行きとして……そう、事故現場から離れて五分としないうちに辺りは**ものすごい豪雨**となったのである。しかも時々雷まで鳴っている。雷雨というやつである。

風を呼び雲を操り嵐を起こす……。よく考えるとこういう天候操作系の力ってほとんど中国神話で言うところの竜族の特性である。

……なるほど（↑何かをどうにか納得したらしい）。今度から私のことは東海青竜王ドラゴン司と呼ぶがよいぞ（謎の開き直り）。

この大雨のせいで、すでに高速道路は水たまりと化している。これは非常に危険。そこで、マックスさんも速度を落とし、安全運転に徹することにしたようだ。これで、到着時刻がまた伸びてしまったのである。

▼▼▼フィレンツェに到着

そして、午後一時五〇分。無事到着したフィレンツェ、信じられないことに雨はあがっていた……（少々風は強かったけど）。これも私の日頃の行いの賜物であろう。到着してすぐにレストランへと向かうべく徒歩にて移動。

と、最後尾付近を歩いていた私はこれまた観光客らしき（非常にかわいらしい）女の子二人組に声をかけられた。

「日本の人？」（英語）

「そうだよ。君たちはどっから来たの？」

「スペインよ」

こうしてしばらく歩きながらお話をしていたのであるが、聞くと彼女たちはスペインはカタロニアの女子高生。修学旅行でイタリアに来たそうだ。

しかも、交通手段はバス。およそ一〇時間ほどかけての移動だったとのこと。

が、これ以上詳しい話は聞けずじまい。途中で我々がレストランのある小径へ入ったため、そこでお別れとなってしまった。

ぬぅぅ、昼食なんぞキャンセルして彼女らともう少しお話がしたかったぞぉ。

なにせ、彼女たちの地元はカタロニア。カタロニアといえばカタロニアサーキット。そう、スペインGPの開催地なのだ。くそぉぉ。せっかくスペイン人（しかもかわいい女の子）と知り合いになれるチャンスだったのにぃぃぃぃ。

「マルク・ジェネ知ってる？」って聞いてみたかったのにぃぃぃぃ。

嗚呼、これがツアー旅行の悲しさなのだ。

こうしてがっかりして入ったレストランでしょんぼりと昼食を食べ……たわけではなく、すっかり気を取り直して、同席した二班の皆さんと楽しくお喋りなどしていたのである。特にK藤さんの旦那さんは持参したデジカメで、つい先ほど撮った事故の様子を見ていた。見せてもらったが、報道写真っぽい緊迫のショットが並んでいた。

さて、食事の後は現地ガイドの佐賀さん、フィオレンツァさんの案内で、フィレンツェ市内を歩いて観光。まずは超有名なベッキオ橋。

「ふむ、ベッキオ橋があるならドウキオ橋とかタンシンフニン橋もあるに違いない」

……終わり。

続いてドゥオモ（大聖堂）。

「どぅおもすいません」

……終わり。
呆れずに続きを読め！

第六話　「涙が溢レンツェ」

▼▼▼フィレンツェ観光終了？

かくして観光も滞りなく終了（したのか？）。

そして我々は例によってお土産屋に連れてこられた。

とりあえずここを集合場所にして、その後約二時間ほどの自由時間がとられた。

「じいさま、二時間も自由時間あるけど、どっか行く？」

「いや、なんか疲れたからいいわ」

「そう？　じゃ一人でまわってくるよ♪　ここで座って待っててね」

「あいよ～」

そうと決まれば、まずは現地ガイドさんの佐賀さんに聞く。

「あの、どっかにフェラーリグッズ売ってる店ありませんか？」

しかし、残念ながら知らないとのこと。

「じゃあ、どっかでっかい本屋かＣＤ屋ありませんか？」

これはさすがに教えてくれた。早速行ってみる。……と、Ｍ浦夫妻発見。

「ちょうどよかった。これからＣＤ屋さんに行くんですけど、よかったら一緒に行きませんか？　リチャード・クレイダーマンのＣＤ探しますよ」

かくしてＭ浦夫妻が加わった。

ところがその肝心のＣＤがなかなか見つからず、結局付近のＣＤ屋を三件ほど探してまわり、やっと手に入れることが出来たのである。

その途中では、バッグを売っている露店が強風にあおられたらしくひっくり返っているのを目撃したり、ドラマか何かの撮影現場に出くわしたり、フェラーリグッズを売っている店を発見したり（後で行ってみよう）……と、なかなか楽しかった。

ともかく、そのＣＤ屋にて、Ｍ浦夫妻と一旦別れ、また私は単独行動で辺りを見て回ることにしたのである。まずは先ほど発見したフェラーリグッズを置いてあった店へゴー。と、その途中メルセデスのグッズを売っている店を発見。行ってみる（←節操なし）。が、いまいち品揃えは悪い。結局何も買わずに出た。

そうして本来の目的地へ到着。それなりに品揃えはよいようだ。

しばらく見て回っていると店員のお姉ちゃんがやってきた。

「May I help you?」

（以下和訳）

「うん、このフラッグいくら？」

「五万リラです」

……二八〇〇円くらいか。うん！　日本で買うより安い！

「これ以外のデザインのはないの？」

すると奥から持ってきてくれた。左側はチェッカーフラッグと同じデザイン、右側は真っ赤な下地にフェラーリのロゴ。……格好いい。これだ！　購入決定♪

続いてこれまた素敵なデザインのポーチを発見。

「ちょっとこれ見せてもらっていい？　今使ってるデジタルビデオカメラが入るか試してみたいんだけど」

試してみる。

「パーフェクトね♪」

と店員さん会心の笑み。これは買うしかあるまい。

「んじゃ、これももらうわ」

ポーチ五万四〇〇〇リラ。約三〇〇〇円ナリ。

「……ちなみにもう少し安くなりませんか？（←値切る奴）」

「う～ん、ごめんなさい。このお店ってフェラーリの直営店だから、そういうことは出来ないのよ」

「ＯＫ。わかった」

「あっ、君フェラーリのジャンパー着てるじゃないの☆　よっぽどフェラーリ好きなのね？」

「うん、とっても♪」

という一連の会話をしてお店を後にした。

こうして念願のフェラーリグッズを手に、私はほくほく顔で今度は本屋を探して繰り出したのである。が、本屋にてF1雑誌を探し回ったがない。変だなぁ……。ちょっと聞いてみる。

「すいません、F1雑誌探してるんですけど」

すると店員のおっちゃん。

「ああ、雑誌の類は置いてないんだよ」

は？

どうやらイタリアの本屋には雑誌はなく、その代わり街のあちこちにある露店（日本で言う駅の売店みたいな感じの店）に置いてあるようだ。気を取り直して行ってみるが、残念ながらまだ発売されていないらしい（GP翌日の月曜日なんだから当たり前である）。と、これでだいたい集合時間三〇分前くらいになってしまった。一旦集合場所に行ってじいさまの顔でも見てやるか。と、戻ってみるとじいさまがいない！

「ぬう、一体どこほっつき歩いてるんだ、あの不良老年（？）」

探しに行くべきか……。一瞬悩んだが、結論は自ずと決まっている。

……ま、いっか♪

探し回るだけ時間の無駄である。それよりもう少し街中を歩き回ってみるか。

おっと、全然風景の描写をしていなかったぞ。

ちなみにここフィレンツェはルネッサンスの花開いた街。芸術の香り漂う花の都である。街中を歩いているだけで本物の芸術と触れ合える素晴らしい場所なのだ。例えばドゥオモは花の聖母寺院と呼ばれ、天井には見事なフレスコ画があり見る者に感動を与えてくれる。

というか、実際に見てびっくりの素晴らしさである。

「いいもん見せてもらった。どぅおもありがとう」な場所なのだ。第五話では一行で片付けた気がするが、そんな罰当たりなことが出来ようか、いや出来ようはずもない（反語）。

さらには現在は市庁舎として使われているというベッキオ宮殿。

当然、別居生活を送っている者しか入れないのだ（大嘘）。

ふむ、こんな素敵な街ならば、さぞかし素敵なカレンダーが置いてあることだろう。

かくして、私はお土産屋さんに入り、カレンダーとついでに見つけたフェラーリのファイルホルダー、レターセットなどを購入し、集合場所に戻ったのである。

と、じいさま発見。

「どこ行ってたの？」

「いや、コーヒーご馳走になってた」

「だれに？」

「ええとぉ、……名前わからん」

……ともかく、このツアーに参加している誰かさんらしい。

それはどぅおもありがとう（↑割としつこい）。

こうして集合時間となり、全員バスに戻ると、こんどはこのフィレンツェの街を一望できるミケランジェロ広場へと向かった。

着いた。

「では皆様、荷物は置いていって結構です。私がバスに残って見ております」

と添乗員さん。

するとK保さんの旦那さん、

「じゃあしっかり荷物を見ケランジェロ（？）」

……ひゅ～（冷たい風）

私と同類だし♪

ま、それは置いといて。ミケランジェロ広場からのフィレンツェの眺めはそれはそれは美しいものだった。ついでに広

ミケランジェロ広場のダビデ像の前で

場には、かの有名なダビデ像（レプリカ）もあった、が、そんなのは別にどうでもいいと。

そうして、フィレンツェ郊外にあるホテル「デルタ・フローレンス（DELTA FLORENCE）」へ。

▼▼▼今日のホテルはよろしくない

ひとまず部屋の方へ行ってみるが、これが狭い。ついでにやたらと暖房がきいていていて暑い。さらに冷蔵庫らしきものがあったが、鍵がついていて、しかも部屋にはその鍵もない。

昨日までのホテルとはいささか勝手が違うようだ。

……とりあえず水を入手してこよう。

そう思ってホテルの隣にあったガソリンスタンドへ。

ちなみにそのお店はカウンター形式のＢＡＲ（ビーエーアールでなくバール）で軽食も食べられるようだ。とりあえず、水とプリングルス（ポテチみたいなお菓子）をゲット。

財布を取り出し、お金を払っていると、バールにてくつろいでいたイタリア兄ちゃんが話しかけてきた。

「‰♯√∂〒◎£@♂∞℃¥?」

はい？

「え、えと……I can't speak **イタリア語**（↑なんだそりゃ？）」

「$¢#&§☆★」

「………」

少々困惑。この兄ちゃん英語が出来ないらしい（↑あんたもだ）。

が、頑張ってその仕草から何を言っているのか見当を付けてみた。

「＊◇↓↑∃※〒?・」（その紙幣どこの国の？）

「これは日本の紙幣です（英語）」

「▼⊇⊥≡Å♪?・」（それで何リラ？）

……なんか怪しい。泥棒さんだったら嫌なので早々に切り上げることにした。

「ごめんなさいね。もうすぐ夕食の時間だから帰ります（英語）」

「†¶τυφχψω、チャオ（これだけは分かった）」

「チャオ」

すたこらさっさー。

こうしてホテルへと逃げ帰り、夕食となった。

まずはよく分からないが野菜のごった煮スープ（？）。

……（ノーコメント）。

続いて焼き豚みたいな料理。

……うまい。これまで出た料理の中で一番うまい。なかなかのお手前で。

最後にティラミス風のカップアイス。

……それなり。

夕食後、部屋に戻ろうとした私をF原さんが呼び止めた。ちなみにF原さんはこの旅行中に仲良くなったおば……じゃなくて、おねーさんの一人である。一人でこの旅行に参加されている方である。

「どうしました？」

「あのさ、部屋の冷蔵庫使いたいんだけど鍵がないの、フロントで聞いてくれる？」

「ああ、それだったら私らも同じだ。じゃあ聞いてみます」

とフロントへ。

「すいません、部屋にある冷蔵庫、鍵がかかっていて使えないんですけど」

するとフロントのおばちゃん。

「ああ、あれは冷蔵庫じゃないの。代わりに各フロアに製氷器があるからそれを使ってちょうだい」

「わかりました、ありがとう」

……戻る。

「なんだって？」

「（かくかくしかじか）……だそうです」

「そう、でも英語出来るっていいね。他に何語かしゃべれるの？」

「ええ」

「すごーい。何語？」

「北海道弁を少々」

…………
したら、ページをめくるといいっしょ。

第七話　「紅酢に死す」

▼▼▼三月二八日(火)　本日はヴェネチア観光

午前六時一五分起床。起きたら布団がなかった。

どうやらあまりの部屋の暑さに、とうに蹴飛ばしていたらしい。

例によってシャワーを浴び、身支度を整えると、七時頃に朝食会場へ。

朝食の際には同じテーブルのK保さんから、お土産屋で買ったというサラミの差し入れがあった。

あ、どうもありがとうございます。いただきます。

食べてみる。

……これは、ちょっと、それなり、かなり、きわめて、脂っこい。が、味は悪くない。が、くどい。ちょっと不評のようだ。K保さんには悪いが日本のサラミの方が美味しいと思った。

ともかく、今日も今日とてパンとコーヒーを中心とした朝食を済ませる。

出発は八時。マックスさんのバスに揺られて、いざヴェネチアへ。おっと、ヴェネチアとはつまり英語名ベニスのことなのであるが、本文ではベニスでなくヴェネチアと表記す

サンマリノGPのポスターが……

る。

道中、車窓から見るイタリアの田園風景。

あまりにも長閑な景色が続く。眠くなってきた。

「ＺＺＺ……」

早速爆睡である。

そして一時間ほど寝て起きると、時刻は九時半、一度目のトイレ休憩である。

トイレを済ませてガソリンスタンドの周りをうろついていると、ふとある看板が目に入った。

……サンマリノＧＰのポスター！

そう、再来週にはイモラでサンマリノＧＰが開催されるのだ。

ちなみにイモラはちょうどこの位置からだと数十キロの近場……。

ぬぉぅぅ、行きたいぞぉぉ。

が、無駄なあがきはしない、行けないものはしょうがないのだ。

代わりと言っちゃなんだが、せめてそのポスターだけでもカメラに収めておく。

そして再びバスは行く。到着してから知らされるのだが、ヴェネチアには船で行くらしく、まずは船着き場が目的地となる。そこへと向かう道中はずーっと橋の上の走行、まるで海の上をバスが走っているようである。なかなか楽しいドライブだった。満喫！

そして一一時半頃船着き場へと到着。ここで、一旦マックスさんとはお別れ。バスを降りる前に添乗員さんから船でヴェネチアへと行くとの説明があった。

船か……。

と、その説明を聞いたじいさま、後ろの席にいたおばさんに向かって一言。

「**あんた泳げるの？**」

なんの心配をしている、じいさま。

全く、我がじいさまながら相変わらずこの人の思考回路はよく分からない。

▼▼▼船に乗っていざ、ヴェネチアへ

とりあえず貴重品だけを持ってバスから降りようとした。

じいさまはというと、この旅行中持ち歩いている紙袋をバスの中に置いていくようだ。

そう、じいさまは海外旅行ではブランド物のバッグなどは絶対に使わず（というか、持っていないので）、驚くなかれ、菓子折りなんかが入っていそうな『**紙袋**』で済ませてい

るのだ。

これなら万一盗まれたり落としたりしても、被害額はゼロである。他人の視線さえ気にならなければ、これが一番賢いと思う。

ちなみにその紙袋の中には、イタリアのガイドブックと折り畳み傘二本、その他諸々が入っている。

で、ふと気になったので聞いてみた。

「じいさま、傘は持った?」

「いいや、だって晴れてるぞ」

「……いいから持ちなさい。**絶対雨降るから**」

これは予言ではない。言うなれば龍神様のお告げだ。雨は絶対に降る。というか降らせてみせようぞ。

結局じいさまは折り畳み傘を一本だけ持っていくことにしたようだ。

この時点でヴェネチアはうららかな春の日差しに包まれたとてもよいお天気であった。

さて、バスを降りてからその船(水上タクシー)に乗るまでにちょっと時間があるようで、その間、その辺のお土産屋さんをふらふらと見てまわることになった。そこで目についたのは派手派手な帽子。ちょうどピエロか何かがかぶっていれば似合いそうな原色ばかりのやつである。

……悪巧み中。

「じいさま、かぶらない？」

「やだ」

「そんなこと言わずに……」

「やだ」

「まぁまぁ、かぶっていれば目立つし、迷子防止に」

「やだ」

計画失敗。じいさま曰く、

「チンドン屋みたいでやだ」

とのことらしい。実はこれでもじいさまはおしゃれには気を使っているらしい。奇抜な格好で笑いをとるようなことはしない人なのだ。まぁ、考えようによってはこの辺がじいさまの若々しさの秘訣であろう。

だが、私にしてみればせっかくのじいさまをネタにするチャンスなのに残念である。

とりあえずそうこうしていると、いよいよ水上タクシーに乗り込むようだ。船自体はそれほど大きくないので二手に分かれることに。我々は最初の船へと乗り込んだ。

乗り込む際には少々危険が伴う。気を付けないと海に落ちてしまいそうだ。

これは後で添乗員さんに聞いた話だが、ロンドン・パリの時の添乗員さんのU岸S子さんのツアーがここに来たときに落ちてしまった人がいたらしい。あな、恐ろしや。

当然、我々は無事に乗り込んだ。よかったよかった。もちろん誰か（特にじいさま）が落ちたらネタとして申し分ないなぁと思っていたことは私と君だけの秘密だ。

さて、その船だが実に楽しい！

まず、船から見る両岸の美しい建物。行き交う船、優雅に漂うゴンドラ。ん～、まるで別天地である。「水の都」と呼ばれるわけだ。こんな街が存在すること自体、現実のものとは思えないくらいである。**来てよかった～**。

船に乗って一〇分。まだ観光すらしていないのにすでに大満足である。

すっかりご満悦な私は、カメラをまわしつつ岸をゆくおねーちゃんたちに手を振る。

「Ｈｉ～♪」

おねーちゃんたちもにっこりと手を振り返してくれる。素晴らしい街だ。

ヴェネチア万歳。

しばらくすると、どこからともなく教会の鐘の音が聞こえてきた。ちょうど一二時のようだ。乗船してからアッという間の三〇分。有名なリアルト橋の近くで我々は船を下りた。

下船後、少々狭い路地を抜け昼食会場へ。

▼▼▼忘れられない昼食

まず出てきたのは「パセリとバジリコのアサリスパゲッティー」

うまい！

瞬く間に平らげる。じいさまを見ると……。

ごそごそ。
ひょいぱく。
はむはむはむ、ごっくん。
?
ごそごそ。
ひょいぱく。
はむはむはむ、ごっくん。
??

アサリだけ食べている(!)

パスタには手をつけずにアサリだけ食べるとはなかなか珍しいことをする。例えるなら天ぷらそばを頼んで天ぷらだけ食べているようなものである。イタリア人の目にはさぞかし奇妙に映ったことだろう。さすがじいさま、やることがちがう。

さて、次にサラダが出てきた。サラダというか、葉っぱである。ふむ、わたしゃ葉っぱ系には目がないのだ。早速いただくとしよう。

どうやらテーブルに備え付けのオリーブオイルと真っ赤な酢(ワインビネガーだと思う)をかけて食べるらしい。とりあえずしゃかしゃか振りかける。

オリーブオイルとワインビネガーが雫となって葉っぱにかかる。

……と、なにやらどこかで嗅いだような匂いが立ちこめてきた。そう、私の中の古い古い記憶を呼び覚ますように……。

胸騒ぎがする。頭の中で警鐘が鳴る。何度も同じフレーズがリフレインする。その曲は「狂気」。視野が急激に狭く暗くなる。全身にアドレナリンが行き渡る。

ちりちりちりちりちりちりちり。

脳天を突き抜けるように悪寒が走った。

私の中の一番敏感な人格が警告する、

「食べてはいけない！」

………ぱくっ（↑食べた）

あでゅー

一撃でノックアウト。

衆人環視の中でなければ間違いなく吐き出しただろう。

こ、この形容しがたい味は……そう、理科室だ。きっと理科室を丸ごと食べたらこんな味がするだろう。

どんな味だ？　などと突っ込まないでほしい。この舌を痺れさせる苦み、口中を突き抜ける酸味、鼻腔を麻痺させる酢酸の刺激臭。私はそのとき確かに口の中いっぱいに広がる理科室を味わった。そして鮮やかによみがえる理科室の懐かしくも恐ろしき情景。

……こんな味、二度と御免だ。

これならまだイギリスのパブで食べたイチゴムースの方が何百倍もましだ。

つまりそのサラダ、極めつけに私の口に合わなかったのである。たぶん一生忘れない。それくらい深く私に痕を残した。が、そのサラダをじいさまは平気な顔をして食べている。

……参りました。

後世の歴史家はこの事件のことをこう呼称する。

「**紅酢《ベニス》に死す**」と。


タイトルのオチが付いたところで、メインは舌平目のクリームソースがけ。じいさまも魚が食べられて嬉しそうだ。が、はっきり言って私は舌が麻痺していたので味がよく分からなかった。

デザートは缶詰のパイナップル。日本でもよく売ってるものと味は変わらない……と思ったが、自信はあまりない。

食後はエスプレッソコーヒーを頼んでみた。この旅行中、私は食事の際はだいたいコーラかカプチーノだったのだが、ちょっと気分を変えて飲んでみることにした。

ちなみに、カプチーノというのはコーヒーに泡立てた牛乳を加えたもの。エスプレッソはコーヒーを濃く抽出したものである。

ものすごく小さなコーヒーカップ（お猪口並み）に入れられて出てきた。

……苦い。えらく苦い。

「ほろ苦い」どころの騒ぎではないぞ。「ほろはらほらひら苦い」って感じだ。

思わず手の中でカップを三回まわす。

ずず〜っ（飲んだ）。

結構なお手前で。気分はすっかり茶道♪

かくして「はらほろひれはれ苦い」エスプレッソのおかげで気分も落ち着いた。死んでいた味覚と嗅覚も復活したようだ。昼食もこれにて終了。いよいよヴェネチア観光だ。

▼▼▼水の都、ひとまわり

まずは徒歩でサン・マルコ広場へ。

が、着いてびっくり、そこは大勢の観光客と、それ以上に縦横無尽に飛び回る「お鳩様」に埋めつくされていたのである。

これは危険だ。賢明な読者諸兄ならおわかりだろう。頭上を鳩が飛び回っているという状況の恐ろしさを。そう、鳩という生き物は期せずして究極の最終決戦兵器を備え付けているのである。いわゆる「鳩爆弾」それは恐怖の生物兵器、まさにバイオハザード。もしも当たったら文字通りウンのつきなのだ。

それにしてもこの鳩の多さは何か原因があるに違いない。

……見渡してみる。

と、なるほど。どうやら鳩の餌を売っているようだ。ほとんど奈良公園のシカ煎餅状態である。そして鳩に餌をやりつつ戯れる人々。怖くないんだろうか？（いろんな意味で）
しかし、鳩に気を取られて気が付かなかったが、このサン・マルコ広場、実に素敵な場所である。フィレンツェも素敵だったがここはそれ以上である。
とりあえずガイドさんに連れられて有名どころを見て回る。

一　サン・マルコ寺院
床が地盤沈下のために波打っているのが印象的な教会。中を鳩が飛び回っているので大事な石像がバイオハザードであった。
二　ドゥカーレ宮
立派な宮殿。しかし、意外にも木材を多用して建てられたので、歩くと床がみしみし揺れる。宮殿なので、例によってたいして興味ない。
三　ため息の橋
ドゥカーレ宮と牢獄をつなぐ橋。有名だから読者もどぅっかーで聞いたことがあるでしょう。その昔、囚人や政治犯などが通ってため息をついたことから名が付いた。

彼らだって国のためによぅカーレと思ってやったのかもしれないのに……。

……かなり苦しい。はぁ～（ため息）。
四　ガラス工芸品のお店

ここヴェネチアはヴェネチアン・ガラスの名で知られる街である。当然あちこちにガラス細工を売っている店が軒を連ねていた。我々はその中でも実際にガラスを作っている工場兼販売店へと連れてこられた。ここで、ガラス職人さんによるデモンストレーションがあるのだ。

日本語の話せるスタッフの説明にのせて職人さんが手際よく製品を作っていく。……が、んなもん別に珍しくも何ともない。なぜなら私の生まれた函館には明治館という観光名所があって、そこで同じようにガラスを作っているのである。この手のデモンストレーションはすでに何度か経験済み。

かくして、その後も店内で製品の説明などされたが、結局トイレを借りただけで、その店をあっさりとあとにしたのである。

そしてここから自由時間となったのだが、そこで単独行動を選択したがために、私とじいさまに仲良く一つずつ災厄が訪れることになる。それは何か?

ヴェネチアの美しい街並みを想像しつつ、ページをめくれ。

第八話　「ベニス西洲《にしす》」

▼▼▼午後三時三〇分より二時間の自由行動

とりあえず五時半までは自由となった。あちこち歩き回りたかったが、まずはじいさまをなんとかせねばなるまい。サン・マルコ広場まで戻ってみる。

「じいさま、あそこの二本立っている柱の間が集合場所だからね」

「あいよ～」

「んで、私的にはこの塔に上ってみたいんだけど」

……広場には結構高い塔がそびえていた。上ったらさぞかし綺麗な景色が見えるだろう。

が、じいさまは、

「おいおい、冗談じゃねぇぜ我が孫よ、俺様は御免だね。だいたい高いとこに上りたがるのは馬鹿か観光客って相場が決まってんだ。上りたきゃおめぇさんの勝手にしな」

このような趣旨のことを言って上るのをいやがった。

結局この塔の下を集合場所にして、私とじいさまは一時間の単独行動の時間をとったのである。こういうとき、単独行動好きなじいさまは結構便利である。ツアー旅行に参加していながら、私もじいさまも一人で歩き回る傾向がある。血のつながりって不思議。

ともあれ、これからがほんとの自由行動である。そうと決まれば早速上ってみよう。

が、**混んでる。**エレベータの順番待ちに結構かかりそうである。

むー。せっかくの自由時間を順番待ちなどに費やすのはもったいないぞ。時は金なり、春宵一刻値千金である。そんなわけで、私はあっさりと塔に上るのを「一時断念」した。後でまた来るとしよ〜っと。そのときは空いているといいなっ☆

そしてきびすを返した私は早速リアルト橋へ向かった。着いたときには見るだけだったので、実際に渡ってみようと思ったのである。ついでに、そこまで行く道中におもしろそうなお店がたくさんあったので、ウィンドウショッピングも兼ねている。

狭い路地を抜け、綺麗に飾られたショーウィンドウを眺め、たまにお店に入ったりしながらリアルト橋に到着。橋の上からヴェネチアを眺める。

……**いいですなぁ。**

橋の下を行き交う舟、橋の上をせわしなく通り過ぎる人々。教会の鐘の音、雑踏の音。かすかにしめった海からの風、そして天から落ちてきた雨。

いつまでもこうして眺めていたい……。

……ん？

あめ？

ぬぉぉぉぅ、まさか本当に降ってくるとは。傘はどこだぁ？

答・じいさまが持っています。

うがぁぁぁ、これじゃなんのために持たせたか分からん。ひとまずどこか屋根のある店に入って雨宿りしよう。と、私の目に見慣れたフェラーリのロゴが飛び込んできた。

ここだっ。すかさず私は飛び込んだ。そして、フェラーリのポロシャツを手に出てきた。

これで一気に所持金が半減した。まぁ、いいか。明日これを着るとしよう。

ともかく、じいさまとの約束の時間まで、あと一〇分ほど。さっさと戻ることにした。

途中で入った本屋でカレンダーをいくつか買い、小雨の降りしきる中、さっきの塔へと戻った。

……じいさま発見。添乗員さんが一緒のようだ。

「おかえりなさ～い、塔上りました？」

と添乗員さん。

「いえ、これから上ろうと思ってたんですけど……」

「そうですか、素敵ですよ～、私はもうおじいちゃんと上りましたけど」

は？　なんですと？　じいさまも上ったの？

「え、でも結構順番待ちしたでしょ？」

「いいえ全然」

……ぬー。

「わかりました、じゃあ私も上ってくるとします。すいませんけどちょっとじいさまを見ててください」

「はい、いってらっしゃい」

二分後。

「あれ？　どうして戻ってきたんですか？」

「**もう閉まってました**」

そうなのだ。すでに時刻は四時半。イタリア人は仕事を終える時間なのだ。

かくして、私は塔に上り損ねた。よりによってじいさまがしっかり上っていたのが悔しい。さらには上でK保さんと会って添乗員さんとツーショットで写真を撮ってもらっていた。なんて運のいいじいさまだ。だいたい最初上るのを嫌がっていたのに……。

「ああ、あれな、階段で上ると思ってた。でもエレベーターなんだな、あっはっは」

とは、事件後のじいさまのコメントである。

こうした些細なすれ違いが私に悔いを残させる結果を生んだのである。

いいもん、また来て上ってやるぅぅ（↑いつになるやら）。

かくして私の悲しみに呼応するかのごとく雨は強くなり……、あれ？　弱くなった。ふむ、ちょっとはその辺散策できそうだな。

「じゃあじいさま、ちょっとその辺歩いて……って**ぎゃー**」

「なした？」

そのとき私の目には見るも恐ろしいあるものが飛び込んできたのである。

「じいさま、ウン○」

「は？」

「鳩のウン○付いてる」

「……」

じいさまのお気に入りのジャンパーがバイオハザードであった。

さすがじいさま、今日はツイてるねぇ。幸いなことに添乗員さんが濡れティッシュを持っていたので（なんて用意のよい）無事拭き取ることが出来た。

これが、久しぶりにじいさまを訪れた災厄「**じいさまウンのつき事件**」である。

▼▼▼集合場所にほど近い高級カフェにて一休み

さて、気を取り直して私はじいさまを連れてサン・マルコ広場周辺をちょっと歩いてみた。途中入ってみた美術館も四時半でクローズとかで、結局見られずじまい。と、広場の中心を歩いている際に、鳩に餌をやっている非常にかわいらしい女の子（たぶん六歳くらい）を発見。

しばらく眺めてほのぼのとした気分を味わう。ちょっと元気が出た。

そしてあたりを見渡すと、鳩と戯れる子供たちがたくさん……。さすがに子供は怖いもの知らずである。

さて、歩き回るのも疲れたし、どっかカフェでコーヒーでも飲むか。よさげな所を探しているると、「デル・ドージェ（del Doge）」というカフェがあったのでのぞいてみた。

とりあえず高級カフェである。

入ろうとするとタキシードでびしっと決めた格好いい兄ちゃんがドアを開けてくれた。さすが高級カフェ。席についてカプチーノを二つ注文する。

しばらくぼーっと窓から店の外を歩く人々を見ていた。これは結構趣があってよいものである。隣の席にいたのは、まるで一幅の絵のような老夫婦。先ほどからほとんど話もせずに、ただ静かにワインを口に運んでいた。

……**いいですなぁ**。

なんというか、この「空気」、この上なく心地よい時間が流れている。さすが高級カフェ。

そうしてまったりしていると、カプチーノが運ばれてきた。早速いただくとする。

……と、飲もうと思って口に近づけた瞬間、何とも香ばしく、薫り高いコーヒーのいい匂いが私の鼻腔いっぱいに満ち満ちた。そして一口飲んでみる。

旨いっ、これは旨すぎる。

このカプチーノ、私の乏しい文才では正確に表現することなど到底不可能。どうしても知りたい人は、そう、コーヒーのＣＭでも見てくれ。たぶんそこで表現されているコーヒーの旨さを三一八三倍すると私が味わったカプチーノと等価になるだろう。

だばだ〜だ〜ば〜だばだ〜♪　と頭の中でCMの曲が鳴り響く。

嗚呼、ついに私も上質を知ってしまったのね……。

というわけで、このカプチーノ、間違いなく私が今まで飲んだコーヒーの中で最も美味しいものであった。さすが高級カフェ。

こうして、あわただしい俗世間を離れ、なにやら浮世離れしたかのようにゆっくりと漂う時間、そしてえらく美味しいカプチーノ。この二つを大いに堪能したのである。

これは蛇足だが、このカプチーノ、値段も浮世離れしていたわけである。

さらには、店内でピアノとウッドベースによる生演奏も始まりこれはもう贅沢の極み。値千金の時間を過ごしたのだ。……たった数分だけど。

というのも、窓の外になにやら見慣れた集団が……。そう、うちのツアーの皆さんではありませんか。……どうか気付きませんように。との願いもむなしく、我々に気付いた連中はがやがやと店に入ってきてせっかくの心地よい空間がぶちこわし……なんて了見の狭いことは口が裂けても言えません、はい。

和気あいあいとお喋りを楽しんだのでありました。

▼▼▼午後五時三〇分　集合時間なのだが……

時間になっても誰も席を立とうとしない。

外はいよいよ雨も強くなり、要するにカフェを出たくないのだ。

とはいえ、行かねばなるまい。みんなでぞろぞろと集合場所へ向かう。

さて、集まって何をするのかというと、オプショナルツアー「ゴンドラセレナーデとイタリア料理の夕べ」ってやつである。小舟に乗ってゆらゆらと水路を漂い、カンツォーネなど聴きましょうという、それはそれは素敵な催しである。

……雨さえ降っていなければ（！）。

すでに日中のうららかな陽気は消え去っている。もはや楽しいはずのイベントは、ただただ冷たい雨に打たれる地獄のような船旅と化した（↑大袈裟）。

とりあえず四～五人ずつに分かれてゴンドラに乗り込む。私とじいさまはと言うと、幸運にも歌い手さんと同じゴンドラに乗ることが出来たのである。さらに、我々の命の恩人である、弟くんとお姉さんも乗った。この四人で一蓮托生というわけだ（↑ちょっと違う）。

こうしてゴンドラはゆらゆらと水路へとこぎ出していった。

さて、歌い手のおっさんは雨にもめげずに船の端にすっくと立って朗々たる歌声を響かせ、伴奏者のおっさんはでかい傘を広げてアコーディオンを奏でる。コンディションには恵まれていないが、それでも素晴らしい調べである。

んで、私はと言えば、じいさまから傘をふんだくって（言うまでもないがカメラが濡れるからである、我が身可愛さからでは決してない）カメラをまわしていたのである。

いちいち描写するときりがないが、そうして四〇分ほど素敵な時間を過ごした。

じいさまもご満悦♪

難を言えば、冷たいのに手拍子を打ったせいで、手がいい加減痛くなったことくらいである。今度はもっと暖かい晴れた日にやりたいものだ。

さて、続いてレストランへと向かう。これもオプションだから、ちょっとはよいものが食べられるというわけである。

前菜はシーフードサラダ、と言うか、マリネ。じいさまはといえばそれにレモンをどわぁぁーっとかけている。

一口食べる。

……（すっぱかったらしい）。

……（まだレモンをかけていない私の皿を凝視する）。

……（無言で私の皿と交換する）。

って、おい（怒）、何してるじいさま。

「いや、すっぱくてなぁ」

あんだけレモン振りかければ当たり前だ。

「まぁ、まぁ、いいからいいから」

いいわけあるかぁぁ！

が、悲しいかな、私は見栄を張った。つまり、「理解ある優しい孫」のポーズをとり、結局じいさまの我が儘には目をつぶったのである。

……マリネはすっぱかった。

さて、続いてイカ墨スパゲッティー。一応ここの名物料理らしい。

じいさまは
「旨い旨い旨い」

ず～るず～る。

満足しているようだ。珍しく完食。食べてみたが確かに美味しい。

が、私は何を隠そう長くて気持ち悪いものが苦手である。例えば蛇とかミミズとか……。

この辺は理屈ではない。生理的に受け付けないのである。

そんなわけでこのイカ墨スパゲッティー、視覚的には泥の中をミミズがのたくって……。


この先の文章はお食事中の方にとって非常に危険と思われますので、世界平和のため削除いたしました。


さて、食べ終わったじいさまに「ちょっと舌出してみて」とカメラを向けたところ。

ごそごそ（ナプキンを取り出す）、ふきふき（口の周りを拭く）、んべー（舌を出す）。

意味ないって。

まったく、せっかくイカ墨で黒くなったところを撮ろうと思ったのに。変に格好をつけたがるじいさまである。

メインはサーモンのステーキ。じいさまもこれには大喜び。極めてご満悦であった。デザートはフルーツポンチ。いわゆる缶詰の果物のごちゃまぜである。ちなみに私はちょっと苦手。じいさまはそんな贅沢は言わずに完食。

かくして楽しいディナーも終了し、再び雨の降りしきる中、オプショナルツアーに参加していない人との集合場所へと向かった。

と、弟くんとお姉さんの二人は傘を持っていないようだ。

……。

一応じいさまはジャンパーにフードがついているからと私に傘を渡し（というか元々私の傘である）自分はさっさと先の方を歩いていた。

すると当然の結果として……。そう、もちろん私はお姉さんに傘をさしかけた。そうして集合場所まで仲良くお話なぞしつつ歩いたのである。

全員が集合すると、今度はまた水上タクシーに乗り、マックスさんのバスが待つリド島の船着き場へと向かうことになる。最後尾を歩いていた私は、当然二番目の船に乗ることとなり、一旦じいさまと離れた。

ちなみに来たときとは全然違って、ボートは猛スピードで進み、あっという間に到着した。が、その船着き場だがちょっと危なっかしい。来たときはちゃんと船員さんが手を引いてくれたのだが、今回は誰もそんな人がいない。

そこで私はさっさと降りて、船着き場にて下船するおばさま方の手を引いたのである。

冗談半分に、

「ずっと手を握っていたかったわ（笑）」

とのたまうおばさん一人。

……遠慮しときます。

私の努力の甲斐あって（？）水に落ちる人もなく、全員が無事にバスへと乗り込めた。

これからホテルへと向かう。途中えらく狭い道や橋を渡り、どうにかたどり着く。マックスさんはやはり相当に腕がいいようだ。

▼▼▼ホテルにて、恒例の（？）宴会

到着したのは午後八時。今日のお宿は「ゴルフ・レジデンス（GOLF RESIDENCE）」ってとこ。早速部屋に行ってみてびっくり。えらく広い上、寝室が二つ。そう、つまりじいさまと別々の部屋で寝られるという寸法だ。これはあずましくていいなぁ（北海道弁。そろそろ覚えたと思うが、快適の意）。うん、素晴らしいホテルだ。

と、落ち着く間もなくじいさまが、仲良くなったおじさんに日本酒を差し入れしたいと言いだした。例の日本から持ってきた日本酒である。ちなみに、すでに何本かは飲み、一本は（なぜか）マックスさんにプレゼントしたそうである。

そんなわけで、添乗員さんの部屋に行って、そのおじさんの部屋番号を聞こうと我々は部屋を出た。……と、なにやら扉の前で苦戦しているF原さん発見。

「どうかしました?」

「いや、鍵が開かなくて」

「ああ、これですか。これドアノブも兼ねているんで、回しながら押さないと……」

ぐぃ、がちゃこん(↑開いた)。

「わあ、ありがとう」

「いえいえ、それにしても一人部屋でも結構広いですね」

「ほんとね」

「(悪巧み中)……ちなみに今まだ八時半ですけど、寝るまで暇じゃありません?」

「確かに暇ねぇ」

「宴会でもしませんか?」

「いいね。でも、夫婦連れには声をかけないで、独身者か一人で参加している人でやろう」

決定♪

かくして、添乗員さんに部屋番号を聞き、日本酒を届けるついでに特に今回一人で参加している方を中心に宴会に誘ってまわったのである。

そうしてF原さんの部屋に、私、じいさま、F原さん、K玉さん、お姉さんの異色の五人が集まった。旅行記初登場のK玉さんは今回のツアーに一人で参加されているおじさんである。

ちなみに飲み物の類はホテルのBAR(バール)で調達＋じいさま持参のビールと日本

酒、さらにつまみもじいさまが持参した缶詰である。

準備万端。

まぁ、例によって宴会はじいさまの話題で持ちきりであった。

前回のロンドン・パリの時もそうだったが、旅行が後半になるに従ってじいさまは「みんなのじいさま」という感じのポジションを得て、なんだかんだと皆さんからちやほやされたのである。んで、どうやら今回もそんな感じらしい。

年も立場も違う旅仲間五人が和気あいあいとじいさまをネタに酒を酌み交わす。これもある意味ツアー旅行の醍醐味であろうか。いろんな世代の人と語らうのもまた一興。

かくして、夜遅くまで我々は宴会を楽しんだのである。

それではまた明日。

第九話　「ミラノはとっても楽しみらの」

タイトルを見て読むのをやめないでください（作者）

▼▼▼三月二九日（水）　本日はミラノ観光

午前六時一五分起床。清潔好きの私は、旅の間、朝起きると欠かさずシャワーを浴びていたのだが、このホテルのシャワーはひたすら使いにくかった。やれやれである。

ともあれ、身支度を整えた私とじいさまが、朝食会場であるホテルのレストランに移動するためにエレベーターを利用したところ、お姉さんも同乗していた。と、じいさまは備え付けの鏡を見て自分の髪型を気にしだした。しきりに手櫛で白髪頭をなでつけている。

「なしたの？」

「うん？　いや、若い女性の前だからなぁ」

どうやら、格好つけていたらしい。気持ちだけは若いじいさまである。

朝食は例によってパンとコーヒー中心。今朝はK保さんとご一緒した。

ミラノに向け出発したのは午前八時。外はすごい風。言うなれば嵐の前の騒がしさ（？）。

まずはバスでリド島を走り、カーフェリー乗り場へ。するとちょうどカーフェリーが停泊している。なるほど、これに乗るわけか……。

しかし、見ているとするするとフェリーが岸を離れて行くではないか。

……乗り損ねたな。

「はい、次のフェリーが来るまで少々時間がございますので、自由時間をとります」

というわけで、私はバスから降りて付近の撮影をした。

が、風が強くて寒いのですぐにバスに戻った。

んで、前方に移動しマックスさんとＦ１談義♪（↑もちろん英語で）。生粋のローマっ子でお父さんもドライバーというマックスさんは当然フェラーリファン。曰く、

「イタリア人ならみんなフェラーリを誇りに思って応援しているんだ。だって、フェラーリのマシンはシャシーもエンジンも純イタリア製だからね」

うんうん、深く同感。

すると、話を聞いていた添乗員さん、

「じゃあ、他のチームって違うんですか？」

「Yes. For example, McLaren have their factory in England. But, their engine is made by Mercedes. You know, Mercedes is German maker. So, McLaren is joint team.」

「そうなんですか～」

「Yes.」

……って、私ってばなぜ添乗員さんに英語で話してるんだろうか？

どうやら言語チャンネルの切り替えが出来ないらしい。しかも、これでほとんど中学生並みの英語だということがばれてしまった（笑）。

まぁ、そんな感じでしばらく三人でお喋りしていたのである。

ちなみに、ここで私は初めてブラジルＧＰのクルサードの失格を教えてもらった。

「だからフィジケラが繰り上がりで二位だよ（嬉）」

「それはよかったですねぇ。それにこれで二六対〇、フェラーリは今年のチャンピオンになりそうですね」

「そう願いたいね」

というわけで上機嫌なマックスさんであった。

さて、そうしていると次のフェリーが着いたようで我々も乗り込むことになった。風は強かったが運河なので波は高くなく、まずまず快適な航海である。運河沿いに両岸には綺麗な建物が連なっており、これまた絶景かな。

三〇分ほどのち到着。

バスで今度は来た道を引き返し、一路ミラノへ。と、例によって道中は土砂降りである。まぁ、今さらどうでもよい。いつものことである。のんびり構えて寝ることにする。

と、突然バスが止まった。

なんだろ？　のそのそと起き出すとマックスさんが慌ててバスから降りてトイレに駆け込んでいくのが目に入った。どうやらお腹をこわしてしまったらしい。

頭を掻きながらバスに戻ってきたマックスさんに我々からプレゼントが……。

そう、日本が誇る名薬正露丸である。

が、イタリア人の彼がそれを飲むには相当の度胸がいるだろう。

だいたい正露丸である。正露丸と言えば当然あのにおいが……。と思っていたが、どうやら飲み込んだようだ。たいしたものだ……。私はいろんな意味で感心した。

そうして大雨の中、再びバスは行く。

ミラノへ向かう高速道路では、右手にイタリアンアルプスが見えてきた。左手はロンバルディア平原。絶景である。

……雨さえ降っていなければ（！）

▼▼▼有能な店員さんに完敗

時刻は午前一一時。ミラノ到着前だが、またまた例によって日本語が出来るスタッフのいるお土産屋に連れてこられた。とりあえずトイレを済ませ、店内を見て回ることにした。と、ぷらぷらとオリーブオイルのコーナーを見ていた私に店員さん（イタリア人姉ちゃん）が商品の説明を始めた。

……英語で。

「You know, ぺらぺ～ら。You know, うんにゃらぱっぱのぺらりんちょ。You know, 寿限無寿限無五劫のすりきれ……（?）」

さっぱりわからんぞ。だいたい日本語の出来る店員がいっぱいいるのに、何で長々と英語の説明を聞かねばならんのだろう。

ただ、しばらく聞いていて気が付いたのだが、このお姉ちゃんしきりに「You know」を多発する。この「You know」っていうのは日本語だとニュアンス的に「あのね、～～なのね、わかるでしょ？」って感じである。ちょっと意訳してみよう。

「あのね、ペラペ～ラなのね。そいでね、あたしの給料袋もペラペ～ラよね。だからね、人助けと思って、このオリーブオイル買わない？」

買わせていただきます。そうと決まれば……。

「あのさ、わたしゃパスタの中じゃペペロンチーノが好きなんやけど、それを作るとなると、どのオリーブオイルを使ったらいいんやろか？（英語？）」

「そうねぇ、それならね、ガーリックと唐辛子入りのこれなんかいいよね。ビンの形もユニークよね。あたしのお薦めなのよね」

「OK。んじゃ、それもらうわ」

かくして、無駄な買い物をしてしまった。それもこれも「ゆ～のう」な店員さんのせいである。

▼▼▼レストランにてミラノの名物料理を頂く

正午過ぎ、バスはミラノに到着。ちなみに雨はあがっていた。そして、すぐさま昼食会場のレストランへ。店に入って目に付いたのはテーブルの脇にある水槽。大きなエビさんが沢山入っていた。隣にはじいさま。

じいさま？　……って、ちゃっかり水槽の隣の席に座ってるし。

さらにはしきりに水槽の中を覗き込んだり、離れて見たり、近づいて見たり……。いたくお気に召したようだ。

「じいさま、それ見てて面白い？」

「ああ、どっちが笑うかと思ってなぁ」

……どうやらエビさんとにらめっこしていたようだ。果たして両者に決着が付いたのかどうかは知る由もない。

まず運ばれてきたのはミラノ名物リゾット。久しぶりのお米である。

うまい！

続いてメインは仔牛の骨付き肉のミラノ風カツレツ。じいさまも鮮やかにフォークとナイフを使って食べようとしている。が……

………（しきりにナイフを動かしているが一向に切れる気配がない）

………（困っているようだ）

「じいさま、そこは骨」

「……なるほど」

そのカツレツだが、これまたなかなかに美味。

デザートはまたまた登場のフルーツポンチである。

……やれやれである。

そうして昼食も終了したところで現地のガイドさんがバスに乗り込んできた。今回はイタリア人のお姉さん一人である。

はて?

不思議に思っていると、おもむろにそのガイドさんが話し出した。……日本語で(!)。しかも、さらに私を驚かせたのは、ガイドさんのイントネーションがいわゆるバスガイド口調だったことである。

「みなさまぁ〜、右手に見えますのがぁ〜、指紋、でございま〜す」(想像して読んでみよう)ってな感じなのである。……恐れ入りました。

▼▼▼ミラノ観光スタート

そのガイドさんに連れられ我々はスカラ座へ。

スカラ座と言えばオリオン座、おおいぬ座とともに冬を代表する星座……というのは嘘で、イタリア四大劇場の頂点に君臨する超有名かつ、超豪華な劇場である。歴史的に見てもヴェルディの「川崎」やプッチーニの「町長夫人(マダム・エビフライ)」などのオペラ作品が上演されたことは……一度もない(↑当たり前だ)。

中に入ってみると見学スペースが設けてあり、有名な作曲家や声楽家の資料や肖像画が所狭しと展示してある。特に目を引いたのは世界一有名なカラスの肖像画である。分かるかな?

さて、そうしてスカラ座見学も終了し（てしまったがあれでよかったのだろうか？）……どうやらよくないらしいので補足情報だ。ヴェルディ作品で有名なのは『アイーダ』や『椿姫』など、プッチーニは『蝶々夫人（マダム・バタフライ）』、世界一有名なカラスは、マリア・カラスである（おざなりな説明終わり）。

スカラ座の次は「ビットリオ・エマヌエレ二世アーケード」って所を通ってドゥオモへ。そのアーケード、並みの観光客なら美しいガラス天井とモザイクの舗道に目を奪われてしまいそうだが私は違った。美しい街並みに惑わされず（？）見慣れたフェラーリのマークを発見。しかも、どうやらかなりの上玉のようだ。むひひひひ、これはあとで行ってみなければ。

上機嫌でドゥオモへ到着（歩いてすぐなのだ）。

……でかい！　見上げて思わず嘆息。

「はぁ～こりゃこりゃ♪」

合いの手を入れたくなる大きさ、荘厳さである。

もちろん内部も見学。ステンドグラスが美しかった。

さて、これで滞りなく観光も終了、待ちに待った自由時間である。

「それでは集合時間は三時四〇分です」

ちょっと待てい。たった三〇分？

ここをどこだと思っている？　ミラノだぞ。最先端ファッションを提供するモードの街だぞ。グッチ、プラダ、ジョルジオ・アルマーニ等々の超有名ブランドの街だぞ（←実はこの辺全然興味ない）。

おっと、愚っ痴をこぼしていたらどんどん時間が過ぎてしまう。さっきのお店に行こーっと。途中、日本円をリラに替えて準備万端。いざフェラーリグッズを求めてお店へ。

「はぁ～こりゃこりゃ♪　お宝の山だねぇ、ヨイヨイ♪♪」

じっくりと吟味し、ボストンバッグ、リュックサック、ポスターをゲット！　店を出るともう時間が来ていた。結局自由時間いっぱいを使って買い物して終わりである。

んで、そんなに早く集合してどこへ行くかと思っていたら……、そう、お約束の免税店である。んな余計な買い物はいいから、もうちょっと自由時間をたくさんとって欲しいものである。

日本人店員さんの説明が終わったのを見計らって、私は回れ右して店を出た。そしてそのまま付近をぷらぷらと散策。途中見つけた街頭のキヨスク（？）にてＦ１雑誌を発見。購入♪　もちろんイタリア語なんて読めないのだが、まぁこれも記念である。

そうして付近をちょっと歩き回って店に戻った。というのも雨が降り出したからである。

……もうどうにでもしてくれ。

私は投げやりな気持ちで、一応じいさまに聞いてみた。

「じいさま、なんか買いたいものある？」

「ない」

終わった。

そんなわけで、このお店では買い物は一切せず。時間までベンチに座ってボケ～っと休んでいたのである。

そうして再びバスに乗り込んでこのツアーでの最後の宿泊ホテル「イビス・カ・グランダ（IBIS CA GRANDA）」へ。

ホテルに到着したのは午後六時。ちなみにこれにてマックスさんとはお別れである。この後ミラノからローマに戻るツアーのお仕事だそうだ。お疲れさまです。そして、ありがとうマックスさん。

▼▼▼とんでもないニュース

さて、ホテルの部屋に到着した私は早速テレビをつけてみた。どうやらここのホテルは衛星放送で日本の番組が見られるようなのだ。

と、ＮＨＫのニュースをやっていた。


「北海道の有珠山が活発な火山活動を開始し、ここ両日中には噴火する見込みです」

はい？
我々に過去最大の危機が訪れようとしていた……。
果たしてじいさまは無事帰宅できるのだろうか？
いよいよ緊迫の最終話！

最終話　「鬼哭！　不運の至りぃ」

▼▼▼三月二九日(水)午後七時　夕食の時間

ホテルのレストランでの夕食。これがイタリア最後の晩餐である。

なので、最後にみんなで乾杯しようということになった。

音頭をとるのはご存じ、みんなのアイドルじいさまである。

「それでは、皆様の幸福と健康を願って、かんぱーい」

かんぱーい。

で、その食事中の話題といえば当然のことながら有珠山の噴火である。

同席したM浦夫妻、隣のテーブルのK保さんに私は自信たっぷりに断言した。

「間違いなく我々が帰国する日に噴火しますよ。そして帰れなくなるんです」

これは予言ではない。すでに確信である。というか、噴火させてみせようぞ。前回はトンネルが崩落したのである。今回は有珠山の噴火というわけだ。

全くツイてないというか、何か憑いているというか……。

こうしてイタリア最後の夜は更けていった。

▼▼▼三月三〇日(木)　最終日スタート

午前中は自由行動なのでのんびりと起きた。午前八時三〇分起床である。

もちろん早起きしてミラノ観光に行ってもよかったのだが、疲れるのでその案は放棄。

朝食を食べに行くと、ちょうど添乗員さんがいたのでご一緒した。

朝食後、とりあえず部屋にいても暇なのでじいさまを連れて付近を散歩することにした。

幸い天気もいいようだ。

ホテル近辺をふらふら歩いていると、幸運にもすぐ近くの通りでバザー（というか、要するに露店市場）を発見。早速見て回る。

……安い！

すでにリラも残り少なかったがこれならそこそこ買い物が楽しめそうだ。

そういえば、うちの妹がお土産にバッグを買ってきてくれとか言ってたな……。

じゃあバッグを探そう。

……数分後。

素敵なハンドバックを発見♪　購入☆

値段？　それは秘密である。たった一万リラ（五〇〇円ちょい）だったなんて口が裂けても言えない（言えないから書いているのだ）。

その他にも見かけたおもしろいものをいくつか購入。バザーの陽気な雰囲気を十分に堪能。どう考えてもミラノ市内に出かけてブランド品を漁るよりも有意義だった。

その後バスに乗って空港へ。途中の道路では「MONZA」の文字が……。そうなのだ、ミラノのすぐ近くにはF1イタリアGPの開催地「モンツァ」がある。

……いつか行きたいものだ。

▼▼▼午後〇時一五分　ミラノの空港到着

出国手続きを済ませる。

ついでにこれまでに仲良くなった皆さんと並んで記念撮影。その後、一時五分から五〇分ほど自由時間となった。となると、やることは一つ。

恒例の免税店でのお土産選びである。

イタリア滞在中に中田のユニフォームとさっきのバッグ、カレンダーの類以外は自分のものしか買っていない。それ以外の人へのお土産は全部ここで買うことになる。さあ大変だ。

周章狼狽、右往左往、七転八倒、驚天動地、地震雷火事親父、……の騒ぎの末、なんとか時間までに買い物を済ませる。

そして、二時三〇分に、一旦、ロンドンのヒースロー空港に向けて離陸。実は直接日本へ行くのではなく、ロンドンで乗り継ぎをするのである。

途中、窓からアルプス山脈が見えた。珍しく雲もかかっておらず綺麗な景色が楽しめた。じいさまはといえば、窓にかぶりつきで見ている。窓の外を凝視したまま硬直しているかのようだ。

「じいさま、ハイジでも見えたの？」

▼▼▼午後三時五〇分　ロンドン・ヒースロー空港到着

ロンドン時間なので実際には四時五〇分である。およそ四カ月ぶりのロンドン。が、空港から一歩も出ないのでは、ヒースロー空港だろうがフランクフルトだろうが別に大差ない。いろいろと手続きなどもあったが、四時三〇分から五時五〇分まで、およそ一時間半近い自由時間がとられた。

免税店街を一通り見て回り、あとはベンチにて一休み。

買い物をしてもよかったのだが、お釣りがポンドで来るので面倒。よって見てるだけ～。

そして午後六時一〇分、関西国際空港行きの便に搭乗（日本時間は翌三月三十一日の午前三時一〇分だ）。

六時三〇分離陸……の予定だったが操縦系統に異常が見つかったとかで、ターミナルに引き返す。

なんか、前にもこんなことがあったような……。

その間およそ七時間遅れで「七時のＮＨＫニュース」のビデオが放映された。時間のほとんどは有珠山関係に割かれていた。

ちなみに現時点でまだ噴火はしていない。が、ＪＲ室蘭線は運転を見合わせている可能性がある。もし、札幌〜函館間の列車が止まっていた場合、当然新千歳空港に着いても、函館に帰る手段はない。私は最悪の事態を想定して覚悟を決めた。

ついでに次善策を練っておく。

……そうそう、操縦系統の異常も直ったらしく、飛行機は無事に離陸した。

早速機内食だったが、食事前に紅茶、食事中にウーロン茶、食後にコーヒーを飲む。

……眠れないぃぃぃ。

自業自得とはこのこと。仕方ないので、森博嗣氏の最後の一冊『有限と微小のパン』を読みきってしまうことにした。旅行中も暇を見つけてちまちま読んでいたが、とにかく長かったので、よくもってくれた。これが最後のお勤めである。実に面白かった。

そして、読書に熱中していたせいで、私は離陸から八時間後、イギリス時間で翌日三日の午前三時になって、ようやく眠ることが出来たのである。

よりによって寝ていた間に見ていたのは悪夢であった。しかも、泣きっ面に蜂、たった一時間寝ただけで叩き起こされた。

イギリス時間で午前四時、日本時間で昼の一時である。

「お休み中の所申し訳ありません……」

添乗員さんだ。どうやらこの飛行機の離陸が遅れたせいで、関西国際空港での新千歳行きの乗り継ぎが時間ぎりぎりらしいのだ。その辺のことを説明される。急いで行動しないと乗り遅れる危険性がある。事態はいろいろな局面で緊迫の度合いを増していた……。

▼▼▼実はこのとき……

さて、関西国際空港到着まであと二時間ほどであろうか、飛行機はちょうど日本海に出たようだ。とすると左手には北海道が見えている頃だろう。

そう思って私はトイレに行くついでにちょっと機内の左側に行き、窓から眺めてみた。もし、有珠山が大爆発でもしようものなら噴煙が見えるだろうと思ったのである。

が、厚い雲に覆われていてその様子を伺い知ることは出来なかった。

もし、晴れていたのなら私は決定的瞬間を目撃できたのに……。

それから、しばらく経った午後二時過ぎ、機長からアナウンスがあった。

「先ほど、一時間ほど前ですが、午後一時一一分、北海道の**有珠山が噴火した模様です**」

やっぱりね。

そう、ちょうど私が窓の外を見ていた時刻、有珠山は最初の噴火をしたのだ。嫌な予感だけは当たるものである。……というか、まるで我々の帰国を待って噴火したような、ナイスタイミングである。

そのアナウンスを聞いて、私は考えていた次善策を実行に移すことにした。

添乗員さんに聞いてみる。

「あの、出来れば新千歳空港行きの便には乗らず函館空港行きの別の便で帰ろうかと思うんですけど、この時間から函館に行く便ありますか?」

しばらく調べてもらったが、どうやらない模様である。

……がっかり。

もちろん関空近くのホテルで一泊して翌日に函館まで飛行機で帰るという方法もあったが、金がかかりすぎるので断念。結果やむなく新千歳まで行くことにしたのである。

もちろん新千歳に着いた後、函館まで帰ることが出来る保証はない。

▼▼▼午後三時　予定より三〇分以上遅れて関西国際空港到着

乗り継ぎに必要な時間はおよそ三〇分しかない。

普通に着いていればこの時間を利用して家に電話して様子を聞こうと思っていたが、残念ながらそんな余裕はない。ほとんど小走りで慌てて移動、手続きを済ませる。

三時四五分が新千歳行きの離陸時間だったのだが、噴火の影響で四時まで待機。

その間、機内ではＮＨＫのニュースが放送されていた。当然有珠山の噴火のニュースである。そして離陸前に機長からアナウンスが、

「有珠山の活動によっては函館空港に緊急着陸することも考えられます。ご了承ください」

それだ！

すると私とじいさまはあっさりと家に帰ることが出来る。がんばれ有珠山！　**大爆発だ！**（↑周辺住民の皆さんすみません、所詮自分が一番かわいいんです）

結局離陸したのは四時半であった。

再び策を練る。

新千歳に着いたとしても函館方面行きのJRは全部止まっていると思われる。とすると、やはり札幌まで行き、叔父さん（じいさまの次男）の家に泊めてもらうのがこの場合の最善の策だな。もちろん、函館空港に緊急着陸ってのが望ましいのだが……。

そして、当然のことながら私の望むように事態が推移するはずもなく、飛行機は無事新千歳空港に着陸。

▼▼▼午後六時一五分　新千歳にて解散

旅行中お世話になった皆さんに別れを告げ、早速みどりの窓口に行ってみる。

「有珠山の火山活動が活発化してきており、警戒を要する状況にあるため本日（三一日）東室蘭～長万部間で列車の運転を中止しております」

あう～、やっぱり……。

覚悟していたとはいえ、しっかり列車は止まっていた。

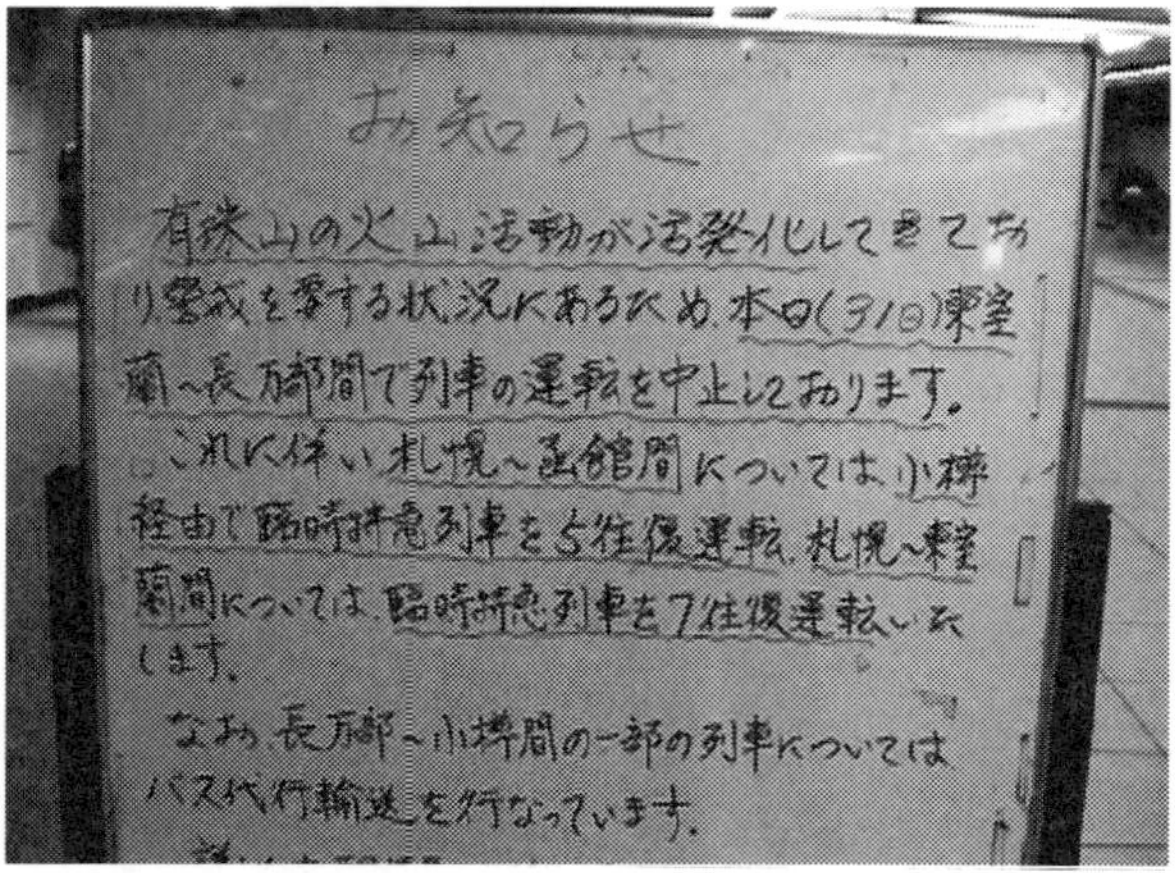

運転休止のお知らせ

前回のロンドン・パリ行きのときは**礼文浜トンネル崩落事故**で東室蘭〜長万部間不通。今回のイタリア行きでは**有珠山の噴火**でまたしても東室蘭〜長万部間不通である。どうやら我々が海外に行くと、ＪＲ室蘭線に不幸が訪れるようだ。まるで恒例行事である。しかも不幸の度合いが増しているし……。

この調子だと、今度海外に行ったら大地震でも起きるんじゃないだろうか……。いかん、いかん、不吉な想像をしてしまった。ともかく、気を取り直して札幌に行くとしよう。とりあえず叔父さんの家に電話をかけてみる。

が、どうやら叔父さん叔母さんともに留守らしく高校生の従妹が一人留守番をしていた。

「今イタリアから帰ったんだけど有珠山のせいで函館に帰れないんで、じいさま連れてそっち行きます」

「……………え？」

かわいそうに従妹は狼狽した。まぁ、当然と言えば当然だろう。が、こっちも状況が状況である。手短に事情を説明し、すぐに札幌行きの列車に飛び乗った。

六時四八分発の札幌行き急行「エアポート」である。が……、車内は混んでいた。疲労困憊だった私とじいさまにとって、札幌まで座っていけないというのが、大ダメージである。そして七時二五分、ようやく札幌駅に到着。駅から出てみるとひどく寒く、しかも大雨ときたもんだ。あまりにも私らしいというかなんというか……。

タクシーに乗って叔父宅へ。八時くらいに到着である。

が、やっぱり従妹一人が留守番しているのみ。

「何か食べ物ある？」（←まだ帰国してから何も食べていない）

ところが、運の悪いことに何もないらしい。

「でも、インスタントラーメンなら……」

二袋のインスタントラーメンが手渡された。

……。

「おじいちゃん、お風呂入るでしょ？」

従妹はお風呂の準備。すると当然の役割分担として……。

「何故わたしゃ帰国早々ラーメンを作ってるんだろ？」

涙なしには笑えない光景が繰り広げられていた。

ともかく、普段自炊しているのでこの手の料理はお手の物である。美味しそうなラーメンの出来上がり♪　そうして、三人してラーメンをすすったのである。

じいさまは可愛い孫娘のお酌でビールを飲み、すっかりご機嫌である。

食べ終わってニュースなど見ていると、叔父さんが帰宅した。

開口一番。

「しっかし、本当に運が悪いなぁ」

叔父さんの話によると、叔母さんは何かの送別会に出席とかで、この時間に家にいないのは半年に一度あるかないかくらいに珍しいことらしい。

全く素晴らしいタイミングの悪さである。

その後大学生の従妹（姉）も帰宅。

「あれ？　なんでおじいちゃんがいるの？」

びっくりしたようだ。

結局叔母さんが帰ってきた頃には、じいさまはとっくに寝ていたのである。

エピローグ——じいさま函館に帰る

▼▼▼四月一日(土)　叔父宅にて起床

起きたらもうお昼だった。

さて、函館に帰る方法だが、小樽経由でＪＲの臨時特急に乗るか、丘珠空港から飛行機に乗るかの二通り。どちらでもよいがむしろ帰りが問題である。

じいさまは函館に着ければ問題ないのであるが、当然私は函館に帰った後、大学が始まるまでに室蘭に戻らなければならない。が、その場合函館からまず小樽経由で札幌に行き、それから東室蘭に行くルートを選択するしかない。普段二時間の道のりを遠回りして六時間以上かけて帰ることになる。

……やめた。

そう、私は函館行きを断念した。じいさまには一人で帰ってもらうとしよう。弟どもに渡すお土産をじいさまに託し丘珠空港へ。

四月だというのにこの日の札幌は雪だった。

丘珠空港にて搭乗手続きを済ませ、五時四〇分発の函館行き臨時便にてじいさまは帰っていった。様々なトラブルに巻き込まれながらも、今回も無事帰宅することが出来た。長かったイタリア旅行もこれで終わりである。

だが、じいさまが健在である限り、我々の旅に終わりはない。
実はこのあとも私とじいさまはスペイン、そしてスイスへと旅をしているのだ。
そしてその旅行記もすでに執筆済みである。
そんなわけで、
（この本の売れ行きが好調であれば）
次回作へ続く。

あとがきに代えて

さて、この本を読んだ読者の方は、「じいさま」は出てくるけど「ばあさま」が出てこないことを疑問に思ったかもしれない。

そこで、あとがきの代わりに私の「ばあちゃん」のことを書こうと思う。

私がばあちゃんのことを思い出すと、いつも笑い顔ばかりが浮かぶ。

にこにことよく笑う、あたたかな人だった。

初孫だった私を誰よりも可愛がってくれたのが、ばあちゃんだった。


小さい頃、私はよく土曜日に、ばあちゃんの家に泊まりに行った。

ばあちゃんと一緒にドリフを見て、ばあちゃんと一緒の布団で寝るのが楽しみだった。

じいさまといえば、ドライブが趣味で、よく幼かった私とばあちゃんの三人であちこち出かけたものである。じいさまの場合、行った先で何かするというよりも、運転すること自体が目的なので、とにかく走ってばかりだったが、助手席に座る私も、後部座席のばあちゃんもそんなドライブを楽しみにしていた。


私が中学三年になる頃、ばあちゃんは体調を崩し、入院することになった。

元気なばあちゃんのこと、すぐに退院するだろう、私はそう思っていたが、そうはならなかった。ばあちゃんは病院は変わるものの、いつになっても退院する気配もなく、いつの間にか私は、ばあちゃんのいない日常に慣れてしまっていた。

だけど、それでも私は「ばあちゃんは元気になる」と、何の疑いもなく信じていた。

冬になり、受験も間近になった頃、ばあちゃんの容態は急に悪くなった。

口には酸素マスクが付けられ、いつの間にかずいぶん痩せてしまったばあちゃんの姿を見て、私は初めて「死」を予感した。

当時の私は知らされていなかったが、ばあちゃんは、ガンだった。


私が覚えている、ばあちゃんと交わした最後の言葉がある。

私立校受験の前、私がお見舞いに行くと、すでにばあちゃんは酸素マスクごしに荒く呼吸をするだけで、半ば意識を失った昏睡状態に見えた。

私はいたたまれなくなり、ばあちゃんの手を取って、

「ばあちゃん、受験頑張るからね」

とだけ、声をかけた。

すると、ばあちゃんは目を開けて私を見つめ、やせ細った手で私の手を握り返すと、

「頑張んなさい」

と、苦しげではあるが、しっかりそう言ってくれたのだ。

「……うん」

私はなんとか涙こそこらえたが、そう言って頷くのがやっとだった。

私立校には無事合格したが、第一志望である公立高校の受験がまだ控えていた。

私はあまり病院に行かなくなった。受験に専念する、ということもあったが、徐々に衰弱していくばあちゃんを見るのがつらかったせいもある。

今にして思えば、毎日でも病院に行き、ばあちゃんの最後の時間を一緒に過ごしてあげればよかった。

失った時間は、二度と戻らない。

三月は駆け足で過ぎて行った。

入試本番、そして一五日は卒業式。

生徒会長だった私は卒業生を代表し、答辞を読んだ。

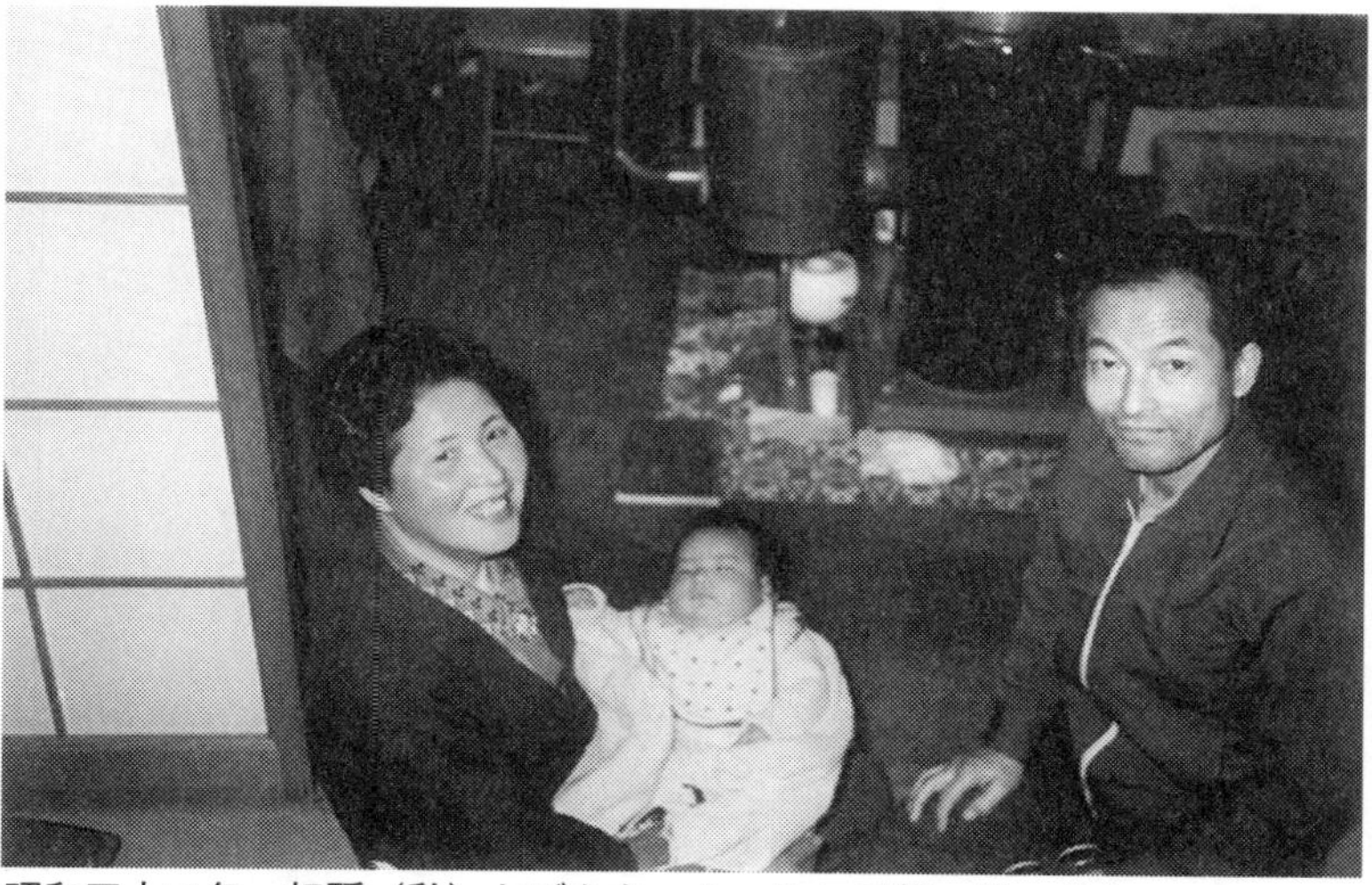

昭和五十二年、初孫（私）とばあちゃん、そして若いじいさま

ばあちゃんは私の晴れ姿をもちろん見ることが出来なかったが、私が無事に中学を卒業した、という報告はちゃんと聞いてくれた。

あとは、十七日の合格発表。

高校まで掲示を見に行き、私は無事合格したことを家に電話した。ばあちゃんにもちゃんと伝えてね、と、そう言って電話を切り、私は一旦中学校に寄ってから帰宅した。

だが、合格を祝ってくれるはずの両親の姿はなかった。

やがて、泣き腫らした目をした両親が帰宅し、私は、ばあちゃんの死を告げられた。

合格の報は間に合ったそうだ。

いや、ばあちゃんは待っていたのだと思う。

私が合格したという報告を聞き、ようやく安心して眠りにつくことができたのだ。


私は一五歳の春、最愛の祖母を失った。

じいさまは、独りになった。


私は大学に進学、函館を離れることになった。

そして大学院を出たあとは、就職のため上京した。

函館には年に数回帰る程度。じいさまの家に行く回数も同様だ。

もう、この旅のように私とじいさまが何日も一緒に過ごすことは、この先二度とないかもしれない。

普段、家で独り寂しく過ごしているじいさまにとって、孫との旅は何よりも貴重な時間だったのだと思う。

だからこそ、旅の間中あんなにもじいさまは楽しそうで、元気一杯に若々しく行動していたのだろう。

もし、この旅がなんのトラブルもなく平穏無事に終わっていたなら、私はこうして旅行記を書くことはなかっただろう。

もちろんそれが一冊の本となってたくさんの人に読まれることも……。

そう考えると、続発したトラブルにも、なにやら運命めいたものを感じてしまう。

もしかしたら天国のばあちゃんが私とじいさまのために、そうお膳立てしてくれたのかもしれない。

私は困ったときや苦しいとき、いつもばあちゃんの最後の言葉を思い出す。

ばあちゃんはいつでも私のそばにいる。そして「頑張んなさい」と言ってくれる。

だから、

この旅行記は私とじいさまと、ばあちゃんの三人の物語である。

最後になったが、この本をきっかけに、おじいちゃん、おばあちゃんと旅行に行こうと考える若い人たちが増えてくれれば私はとても嬉しい。

これを読んでいる私と同年代の読者にも、家で寂しくしているおじいちゃん、おばあちゃんはいないだろうか。

もし、いるなら、旅行に誘ってみてはどうだろう。

きっと、とても喜ぶはずだ。


この本が、ばあちゃんへのささやかな恩返しになることを願って。

河島　司

平成十五年六月吉日

著者プロフィール

河島　司（かわしま　つかさ）

1977年10月28日、北海道函館市生まれ。
廃校になった谷地頭小学校の最後の卒業生。潮見中学校では生徒会長を務める。中部高校時代は、受験勉強そっちのけで市立図書館に通い詰めて、読書三昧。室蘭工業大学在籍中、テーブルトークRPGにどっぷりはまり、そこで文章を書く機会に恵まれ、知らず知らずのうちに腕を磨く。その集大成として、大学４年から修士２年までじいさまと４回海外旅行に行き、その都度旅行記を執筆。HPに掲載すると、たちまち全国にじいさまファンの読者が急増するなど大好評。それに気をよくして就職のため上京した際に、原稿を持ち込んだところ、とんとん拍子に出版が決定。現在、会社員生活を送りつつ、本作品の続編となる第二弾『じいさまスペイン旅日記』、第三弾『じいさまアルプス山登り』の出版を企み中。

ホームページ
http://www9.ocn.ne.jp/~ametsugu/
（参考／阪急交通社　http://www.hankyu-travel.com/）

迷子になったら三越に行けばいい

2003年8月15日　初版第１刷発行

著　者　河島　司
発行者　瓜谷 綱延
発行所　株式会社文芸社
〒160-0022　東京都新宿区新宿1－10－1
電話　03-5369-3060（編集）
03-5369-2299（販売）

印刷所　東洋経済印刷株式会社

ISBN4-8355-6076-0 C0026
日本音楽著作権協会（出）許諾第0306991-301号